厚黑學

李宗吾
厚黑教主

古之為英雄豪傑者
不過臉厚心黑而已

詳註版

目錄

詳註版說明

《厚黑學》最早的版本僅含上卷〈厚黑學〉、中卷〈厚黑經〉、下卷〈厚黑傳習錄〉，後來李宗吾又補充了〈求官六字真言〉、〈做官六字真言〉、〈辦事二妙法〉。此後十數年間又陸陸續續寫了些文字，在一九二七年匯集成《宗吾臆談》一書，收錄〈厚黑學〉、〈我對於聖人之懷疑〉、〈心理與力學〉、〈解決社會問題之我見〉、〈考試制之商榷〉等五篇。後來將〈解決社會問題之我見〉一文擴大為單行本出版並改書名為《社會問題之商榷》。

後來李宗吾將歷年的作品連同新近的感想，以隨筆體裁將二者揉合寫之，從一九三五年八月一日開始，每日寫一、二段在報刊發表，累積約二萬字便為一卷，最後寫滿六卷，即為《厚黑叢話》。李宗吾說讀者只需讀《厚黑叢話》就無須再讀《宗吾臆談》和《社會問題之商榷》二書，因二書的說法和應該補充的地方，都已全部融和在《厚黑叢話》中。

自從李宗吾的《厚黑學》發表至今，關於此書的版本五花八門，令人眼花撩亂，但是今日出版的《厚黑學》版本，要不是將李宗吾的文章全部收錄，不然就是由後人加以詮釋改編；前者有些文章已不符今日時代現況，後者則過多添油加醋盡失原意，所以這次重新出版《厚黑學》在內容收錄的考量，以摒棄不合時宜的篇章，並保留厚黑學原汁原味、不作過度詮釋為原則，僅收錄李宗吾厚黑理論的核心作品——《厚黑學》、《厚黑經》、《厚黑傳習錄》與《厚黑叢話》，並在必要處加註說明，減少讀者閱讀的不解與障礙。

厚黑學

上天生人，給我們一張臉，而厚即在其中，給我們一顆心，而黑即在其中。

緒論

我讀中國歷史，發現了許多罅漏，覺得一部二十四史的成敗興衰和史臣的論斷，是完全相反的：律以聖賢所說的道理，也不符合。我很為詫異，心想古來成功的人，必定有特別的祕訣，出於史臣聖賢之外。我要尋它這個祕訣，苦求不得，後來偶然推想三國時候的人物，不覺恍然大悟，古人成功的祕訣，不過是臉厚心黑罷了。

由此推尋下去，一部二十四史的興衰成敗，這四個字卻可以包括無遺；我於是乎作一種詼諧的文字，題名「厚黑學」，分為三卷：上卷〈厚黑學〉、中卷〈厚黑經〉、下卷〈厚黑傳習錄〉。民國元年三月，在成都《公論日報》上披露出來。那個時候，這種議論，要算頂新奇了，讀者嘩然。中卷還未登完，我受了朋友的勸告就停止了。不料從此以後，「厚黑學」三字，竟洋溢乎四川，成為普通的名詞。我到了一個地方，就有人請講厚黑學，我就原原本本的從頭細述。聽者無不點頭領會，每每嘆息道：「我某事的失敗，就是不講厚黑學的緣故。」又有人說：「某人聲威赫赫，就是由於厚黑學研究得好。」有時遇了不相識的人，彼此問了姓名，他就用一種很驚異的聲調問我：「你是不是發明厚黑學的李某？」抑或旁人代為介紹道：「他就是發明厚黑學的李宗吾。」更可笑者，學生做國文的時候，竟有用這個名詞的，其傳播的普遍，也就可以想見了。

我當初本是一種遊戲的文字，不料會發生這種影響，我自己也十分詫異，心想這種議論，能受眾人的歡迎，一定與心理學有關係。我於是繼續研究下去，才知道厚黑學是淵源於性惡說，與王陽明的「致良知」[1]淵源於性善說，其

1 意指通過自省以實現良知。

價格是相等的。古人說：「仁義是天性中固有之物。」我說：「厚黑是天性中固有之物。」陽明說：「見父自然知孝，見兄自然知弟。」說得頭頭是道，確鑿不移。我說：「小兒見了母親口中的糕餅，自然會取來放在自己口中，在母親懷中吃東西的時候，見他哥哥來了，自然會用手推他打他。」也說得頭頭是道，確鑿不移。陽明講學，受一般人歡迎，所以厚黑學也受一般人歡迎。

有孟子的「性善說」，就有荀子的「性惡說」與之對抗，有王陽明的「致知良」三字，這「厚黑學」三字，也可與之對抗；究竟人性是怎樣做起的，我很想把它研究出來，尋些宋、元、明、清講學的書來看，見他所說的道理，大都是支離穿鑿，迂曲難通，令人煩悶欲死。我於是乎把這些書拋開，用研究物理學的方法來研究心理學，才知道心理學與力學是相通的。我們研究人性，不能斷定他是善是惡，猶之研究水火之性質，不能斷定他是善是惡一樣。

孟子的性善說，荀子的性惡說，俱是一偏之見，我所講的厚黑學，自然是更偏了，其偏的程度，恰與王陽明「致知良」之說相等；讀者如果不明了這個道理，認真厚黑起來，是要終歸失敗的，讀者能把我著的《心理與力學》[1]看一下，就自然明白了。但是我們雖不想實行厚黑，也須提防人在我們名下施行厚黑，所以他們的法術，我們不能不知道。

1 運用物理學上的力學原理，分析人的心理及其變化的軌跡，提出「心理依力學規律而變化」的觀點，深入揭示了人與人的複雜關係。

厚黑學

我自讀書識字以來，就想為英雄豪傑，求之四書五經，茫無所得，求之諸子百家，與夫二十四史，仍無所得，以為古之為英雄豪傑者，必有不傳之祕，不過吾人生性愚魯，尋他不出罷了。窮索冥搜[1]，忘寢廢食，如是者有年，一旦偶然想起三國時幾個人物，不覺恍然大悟曰：得之矣，得之矣，古之為英雄豪傑者，不過面厚心黑而已。

三國英雄，首推曹操，他的特長，全在心黑：他殺呂伯奢[2]、殺孔融、殺楊修[3]、殺董承、伏完[4]，又殺皇后、皇子，悍然不顧，並且明目張膽地說：「寧我負人，毋人負我。」心子之黑，真是達於極點了。有了這樣本事，當然稱為一世之雄了。

其次要算劉備，他的特長，全在於臉皮厚：他依曹操、依呂布、依劉表[5]、依孫權、依袁紹[6]，東竄西走，寄人籬下，恬不為恥，而且生平善哭，著三國演義的人，更把他寫得維妙維肖，遇到不能解決的事情，對人痛哭一場，立即轉敗為功，所以俗語有云：「劉備的江山，是哭出來的。」這也是一個有本事的英雄。他和曹操，可稱雙絕；當著他們煮酒論英雄的時候，一個心子最黑，一個臉皮最厚，一堂晤對，你無奈我何，我無奈你何，環顧袁本初諸人，卑鄙不足道，所以曹操說：「天下英雄，惟使君與操耳。」

1 為極力搜尋的意思。
2 東漢末期人物，曹操早年好友。
3 曹操謀士。
4 董承圖謀誅殺曹操失敗被殺；伏完則不敢允諾女兒伏皇后之託謀誅曹操。
5 東漢末期的一個割據軍閥。
6 字本初，東漢末年實力最強的諸侯。其於官渡之戰慘敗給曹操而受到重挫，接著在倉亭之戰再敗給曹軍，不久後旋即病逝。

此外還有一個孫權，他和劉備同盟，並且是郎舅之親，忽然奪取荊州，把關羽殺了，心之黑，彷彿曹操，無奈黑不到底，跟著向蜀請和[1]，其黑的程度，就要比曹操稍遜一點。他與曹操比肩稱雄，抗不相下，忽然在曹丞駕下稱臣，臉皮之厚，彷彿劉備，無奈厚不到底，跟著與魏絕交，其厚的程度也比劉備稍遜一點。他雖是黑不如操，厚不如備，卻是二者兼備，也不能不算是一個英雄。他們三個人，把各人的本事施展開來，你不能征服我，我不能服你，那時候的天下，就不能不分而為三。

後來曹操、劉備、孫權，相繼死了，司馬氏父子乘時崛起，他算是受了曹劉諸人的薰陶，集厚黑學之大成，他能欺人寡婦孤兒，心之黑與曹操一樣；能夠受巾幗之辱，臉皮之厚，還更甚於劉備；我讀《史記》司馬懿受辱巾幗這段事，不禁拍案大叫：「天下歸司馬氏矣！」所以得到了這個時候，天下就不得不統一，這都是「事有必至，理有固然」。

諸葛武候，天下奇才，是三代下第一人，遇著司馬懿還是沒有辦法，他下了「鞠躬盡瘁，死而後已」的決心，終不能取得中原尺寸之地，竟至嘔血而死，可見王佐之才，也不是厚黑名家的敵手。

我把他幾個人物的事，反覆研究，就把這千古不傳的祕訣，發現出來。一部二十四史，可一以貫之：「厚黑而已」。茲再舉漢的事來證明一下。

項羽拔山蓋世之雄。咽嗚叱咤[2]，千人皆廢，為什麼身死東城，為天下笑！他失敗的原因，韓信所說：「婦人之仁，匹夫之勇」兩句話，包括盡了。婦人之仁，是心有所不忍，其病根在心子不黑；匹夫之勇，是受不得氣，其病根在臉皮不厚。鴻門之宴，項羽和劉邦，同坐一席，項莊已經把劍取出來了，只要在劉邦的頸上一劃，「太高皇帝」的招牌，立刻可以掛出，他偏偏徘徊不忍，竟被劉邦逃走。垓下之敗，如果渡過烏江，捲土重來，尚不知鹿死誰手？他偏

1 劉備稱帝三個月後，以奪回荊州同時替遇害的關羽報仇為由，親率數萬大軍伐吳，得到消息的孫權連忙遣使求和。

2 發怒而厲聲喝叫。

偏又說：「籍與江東子弟八千人，渡江而西，今無一人還，縱江東父兄，憐我念我，我何面目見之。縱彼不言，籍獨不愧於心乎？」[1]這些話，真是大錯特錯！他一則曰：「無面見人」；再則曰：「有愧於心。」究竟高人的面，是如何長起得，高人的心，是如何生起得？也不略加考察，反說：「此天亡我，非戰之罪」，恐怕上天不能任咎[2]吧。

我們又拿劉邦的本事研究一下，《史記》載：「項羽問漢王曰：『天下匈匈數歲，徒以吾兩人耳，願與漢王挑戰決雌雄。』漢王笑謝曰：『吾寧鬥智不鬥力。』」請問笑謝二字從何生出？劉邦見酈生時，使兩女子洗腳，酈生責他倨見長者，他立刻輟為之謝。[3]還有自己的父親，身在俎下，他要分一杯羹；親生兒女，孝惠、魯元，楚兵追至，他能夠推他下車[4]；後來又殺韓信、殺彭越，「鳥盡弓藏、兔死狗烹」，請問劉邦的心子，是何狀態，豈是那「婦人之仁，匹夫之勇」的項羽，所能夢見？太史公著本紀，只說劉邦隆準龍顏，項羽是重瞳子，獨於二人的面皮厚薄，心之黑白，沒有一字提及，未免有愧良史。

劉邦的面，劉邦的心，比較別人特別不同，可稱天縱之聖。黑之一字，真是「生和安行，從心所欲不逾矩」，至於厚字方面，還加了點學歷，他的業師，就是三傑中的張良；張良的業師，是圯上老人，他們的衣缽真傳，是彰彰可考的。圯上受書一事，老人種種作用，無非教張良臉皮厚罷了。這個道理，蘇東坡的《留侯論》[5]，說得很明白。張良是有夙根的人，一經指點，言下頓

---

1 我和江東子弟八千人渡江西征，如今沒有一個人回來，縱使江東父老兄弟憐愛我讓我做王，我又有什麼臉面去見他們？

2 不能怪罪上天吧。

3 酈食其求見劉邦時，劉邦正踞坐在床上，令兩個女子同時幫他洗腳。酈食其最終進來，看到洗腳的劉邦，不向劉邦跪拜只作揖，說道：「足下是想要協助秦朝攻打起義的諸侯，還是想要率領諸侯打敗秦朝呢？」劉邦罵道：「混蛋儒生！天下受秦朝暴政之久，所以各諸侯國相繼起義，怎麼說我是幫助秦朝攻打諸侯呢！」酈食其說：「如果您是要率領諸侯打敗秦朝，那接見長者的時候，不應該這麼不禮貌地踞坐。」劉邦突然醒悟，於是直起身子，穿好衣服，向酈食其致歉，任用酈食其為謀士。

4 楚漢戰爭中楚軍圍困劉邦，楚騎兵追趕，劉邦見情勢危急，就將子女推下車去。

5 一篇散文記敘張良「小不忍則亂大謀」的論點。

悟，故老人以王者師期之。這種無上妙法，斷非鈍根的人所能了解，所以《史記》上說：「良為他人言，皆不省，獨沛公善之。良曰，沛公殆天授也。」[1]可見這種學問，全是關乎資質，明師固然難得，好徒弟也不容易尋找。韓信求封齊王的時候，劉邦幾乎誤會，全靠他的業師在旁指點，彷彿現在學校中，教師改正學生習題一般。以劉邦的天資，有時還有錯誤，這種學問的精深，就此可以想見了。

劉邦天資既高，學歷又深，把流俗所傳君臣、父子、兄弟、夫婦、朋友五倫，一一打破，又把禮義廉恥掃除淨盡，所以能夠平蕩群雄，統一海內，一直經過了四百幾十年，他那厚黑的餘氣方才消滅，漢家的系統於是乎才斷絕了。

楚漢的時候，有一個人，臉皮最厚，心不黑，終歸失敗，此人為誰？就是人人知道的韓信。胯下之辱他能夠忍受，厚的程度，不在劉邦之下。無奈對於黑字，欠了研究；他為齊王時，果能聽蒯通[2]的話當然貴不可言，他偏偏繫念著劉邦解衣推食的恩惠，冒冒昧昧地說：「衣人之衣者，懷人之憂；食人之食者，死人之事。」[3]後來長樂鐘室[4]，身首異處，夷及九族。真是咎由自取，他譏誚項羽是婦人之仁，可見心子不黑，做事還要失敗的，這個大原則他本來也是知道的，但他自己也在這裡失敗，這也怪韓信不得。

同時又有一個人，心最黑，但臉皮不厚，也歸失敗，此人也是人人知道的，姓范名增[5]。劉邦破咸陽，繫子嬰[6]，還軍壩上，秋毫不犯，范增千方百計，總想把他置之死地，心子之黑，也彷彿劉邦；無奈臉皮不厚，受不得氣，漢用陳平計，間疏楚君王，增大怒求去，歸來至彭城，疽後背死。大凡做大事的人，哪

1 張良把這些兵法講給他人聽，那些人都不多思考，只有劉邦善從，於是張良便說：「沛公大概是上天賜給我們的天子吧！」便跟著劉邦。

2 又作蒯徹，中國秦末漢初縱橫家、辯士。

3 穿人家衣服的，要替人家的事擔憂；靠人家養活的，要為人家的事拚命。

4 楚漢相爭，韓信屢建奇功。劉邦稱帝後，封信為淮陰侯。因遭呂后忌，被斬於長樂宮懸鐘之室。

5 西楚霸王項羽首席謀臣幕僚，但因陳平之離間計失去項羽的信任而離開楚軍，不久病死。

6 秦朝最後一位統治者。劉邦攻破咸陽，子嬰眼看大勢已去，不得不投降了劉邦。

有動輒生氣的道理？「增不去，項羽不亡」，他若能隱忍一下，劉邦的破綻很多，隨便都可以攻進去。他忿然求去，把自己的老命、把項羽的江山，一齊送掉，因小不忍，壞了大事，蘇東坡還稱他為人傑，未免過譽？

據上面的研究，厚黑學這種學問，法子很簡單，用起來卻很神妙，小用小效，大用大效，劉邦司馬懿把它學完了，就統一天下；曹操劉備各得一偏，也能稱孤道寡，割據爭雄；韓信、范增，也是各得一偏，不幸生不逢時，偏偏與厚黑兼全的劉邦並世而生，以致同歸失敗。但是他們在生的時候，憑其一得之長，博取王侯將相，炫赫一時，身死之後，史傳中也占了一席之地，後人談到他們的事跡，大家都津津樂道，可見厚黑學終不負人。

上天生人，給我們一張臉，而厚即在其中；給我們一顆心，而黑即在其中。從表面上看去，廣不數寸，大不盈掬，好像了無奇異，但若精密的考察，就知道它的「厚」是無限的，它的「黑」是無比的，凡人世的功名富貴、宮室妻妾、衣服車馬，無一不從這區區之地出來，造物生人的奇妙，真是不可思議。鈍根眾生，身有至寶，棄而不用，可謂天下之大愚。

厚黑學共分三步功夫，第一步是「厚如城墻，黑如煤炭」。起初的臉皮，好像一張紙，由分而寸，由尺而丈，就厚如城墻了。最初心的顏色，作乳白狀，由乳色而炭色、而青藍色，再進而就黑如煤炭了。到了這個境界，只能算初步功夫；因為城墻雖厚，轟以大炮，還是有攻破的可能；煤炭雖黑，但顏色討厭，眾人都不願挨近它。所以只算是初步的功夫。

第二步是「厚而硬，黑而亮」。深於厚學的人，任你如何攻打，他一點不動，劉備就是這類人，連曹操都拿他沒辦法。深於黑學的人，如退光漆招牌，越是黑，買主越多，曹操就是這類人，他是著名的黑心子，然而中原名流，傾心歸服，真可謂「心子漆黑，招牌透亮」，能夠到第二步，固然同第一步有天淵之別，但還露了跡象，有形有色，所以曹操的本事，我們一眼就看出來了。

第三步是「厚而無形，黑而無色」。至厚至黑，天上後世，皆以為不厚不黑，這個境界，很不容易達到，只好在古之大聖大賢中去尋求。有人問：「這種學問，哪有這樣精深？」我說：「儒家的中庸，要講到『無聲無臭』方能終止；學佛的人，要講到『菩提無樹，明鏡非臺』，才算正果；何況厚黑學是千古不傳之祕，當然要做到『無形無色』，才算止境。」

總之，由三代以至於今，王侯將相、豪傑聖賢，不可勝數，苟其事之有成，無一不出於此；書冊俱在，事實難誣，讀者倘能本我指示的途徑，自去搜尋，自然左右逢源，頭頭是道。

厚黑經

我著厚黑經，意在使初學的人便於誦讀，以免遺忘。不過有些道理，太深奧了，我就於經文上下加以說明。

★處爲白話翻譯

李宗吾曰：「不薄之謂厚，不白之謂黑。厚者天下之厚臉皮，黑者天下之黑心子。此篇乃古人傳授心法，宗吾恐其久而差也，故筆之於書，以授世人。其書始言厚黑，中散為萬事，末復合寫厚黑。放之則彌六合[1]，捲之則退藏於面與心。其味無窮，皆實學也。善讀者玩索而有得焉，則終身用之，有不能盡者矣。」

★

李宗吾說：「你不薄就稱它爲厚，不白就稱它爲黑。所謂厚就是天下的厚臉皮，所謂黑就是天下的黑心肝。本篇是古人傳授的心法，我怕經歷年代久而發生誤差，所以把它寫成書，來傳授給世人。這本書開始是闡述厚黑，中間敷演爲天下萬事萬物，最後又歸結到厚黑。推廣這個學說就能覆蓋整個世界，把它收攏回來就能蘊含在個人的面容和心胸之中。厚黑學無窮無盡，都是實實在在的學問。善於讀書的人，玩賞它，思索它，必定會有收穫心得，那麼終身運用這一學說，必定受用不盡。」

「天命之謂厚黑，率厚黑之謂道，修厚黑之謂教；厚黑也者，不得須臾離也，可離非厚黑也。是故君子戒慎乎其所不厚，恐懼乎其所不黑，莫險乎薄，莫危乎白，是以君子必厚黑也。喜怒哀樂皆不發謂之厚，發而無顧忌，謂之黑！厚也者，天下之大本也；黑也者，天下之達道也。致厚黑，天地畏焉，鬼神懼焉。」

★

主宰人們命運的叫做厚黑，遵循服從厚黑的叫做德法，學習修煉厚黑的叫做有教養。厚黑二字，是人們一時一刻也離不開的，能夠離開的就不是厚黑

1 中庸「心法」的真理若是舒展開來可以充遍瀰漫整個宇宙，六合意指宇宙。

了。所以有道德、有學問的人最擔心自己的所作所爲臉皮不厚，最害怕自己的所作所爲心肝不黑，臉皮薄最危險，心肝白更可怕，所以君子必定是臉厚心黑的人。喜怒哀樂的表情都不表現出來就叫做厚，一旦發洩出來而無所顧忌就叫做黑！臉厚是天下的根本，心黑是天下的大道理。到達厚黑頂點的人，不僅天下的人們害怕他，甚至連鬼神都要對他畏懼萬分。

右第一章，宗吾述古人不傳之祕以立言，首明厚黑之本原出於天而不可易，其實厚黑備己於而不可離；次言存養厚黑之要，終言厚黑功化之極。蓋欲學者於此，反求諸身而自得之，以去夫外誘之仁義，而充其本然之厚黑。所謂一篇之體要是也。以下各章，雜引宗吾之言，以終此章之義。

★

在厚黑經這一章中，我把古人沒有公開的祕密敘述出來寫成書，首先闡述厚黑的本源出於天意而不能更改，其實際上人人具備而不可離開；其次闡述了培養厚黑的必要，最後點名到達厚黑極致的功夫。大凡想學厚黑的到了這一地步，反過來像自身求索體會，除去所謂的仁義道德的誘惑，就是讓自身本來就具備的厚黑充實自己，這就是本篇厚黑經的要點。以下個章節引用我說的話，來透徹闡發本章的意義。

宗吾曰：「厚黑之道，易而難。夫婦之愚，可以與知焉；及其至也，雖曹、劉亦有所不知焉；夫婦之不肖，可以能行焉，及其至也，雖曹、劉亦有所不能焉。厚黑之大，曹劉猶有所憾，而況於世人乎！」[1]

1 以《禮記》改寫，原文：「君子之道費而隱。夫婦之愚，可以與知焉，及其至也，雖聖人亦有所不知焉。夫婦之不肖，可以能行焉，及其至也，雖聖人亦有所不能焉。天地之大也，人猶有所憾。故君子語大，天下莫能載焉。」原意指為「君子之道既容易又困難」，此改寫為「厚黑之道」不易判別難易度。

★

李宗吾說：「厚黑這門學問，既容易又困難。說他困難，一向愚蠢的男女，也可以明白它。但到厚黑的極致時，即使曹操、劉備也有不了解的地方；說它容易，就是普通男女，也可以實行，但到厚黑底極致時，即使曹操、劉備也有做不到的地方。厚黑的博大精深，曹操、劉備實行起來尚且有遺憾之處，更何況普通百姓呢？」

★

宗吾曰：「人皆曰予黑，驅而納諸煤炭之中，而不能一色也；人皆曰予厚，遇乎炮彈，而不能不破也。」[1]

李宗吾說：「人們都說你心黑，把你驅趕到煤炭之中，卻不能與煤炭同一顏色；人們都說你臉皮厚，遇到炮彈卻不能不被轟破。」

宗吾曰：「厚黑之道，本諸身，證諸眾人，考諸三王而不繆，建諸天地而不悖，質諸鬼神而無疑，百世以俟聖人而不惑。」[2]

★

李宗吾說：「厚黑的原理，來自於本身，從普通人身上得到證實，用它考察帝王將相的所作所爲而不會發生偏差；用它鑑別萬事萬物而不會有錯誤；用它辨別神鬼而不會有疑問；用這門學問，聰明的人可以終身不迷惑。」

---

1 以《禮記》改寫，原文：「人皆曰『予知』，驅而納諸罟擭陷阱之中，而莫之知辟也。人皆曰『予知』，擇乎中庸，而不能期月守也。」原意指為「人皆自以為很有智慧，卻無法躲避陷阱與保持中庸」，此改寫為「人皆自以為足夠『厚黑』，實則不然」。

2 以《中庸》改寫，原文：「故君子之道，本諸身，徵諸庶民，考諸三王而不謬，建諸天地而不悖，質諸鬼神而無疑，百世以俟聖人而不惑。」原意指為推行「君子之道」需要反求諸己，並達到下列六項條件。此改寫為推行「厚黑學」的種種條件。

★宗吾曰：「君子務本，本立而道生。厚黑也者，其為人之本與？」1

李宗吾說：「君子培養根本，根本樹立起來了，處世之道就隨之而產生，這厚黑不正是做人的根本嗎？」

★宗吾曰：「三人行，必有我師焉。擇其厚黑者而從之，其不厚黑者而改之。」2

李宗吾說：「一塊行走的三人之中，必定有可以當我的老師的人。選擇厚黑的人去跟隨學習，不厚不黑的地方就要改正。」

★宗吾曰：「天生厚黑於予，世人其如予何？」3

李宗吾說：「臉厚心黑是天生的，世人又能對我怎麼樣？」

宗吾曰：「十室之邑，必有厚黑如宗吾者焉，不如宗吾之明說也。」[4]

★ 李宗吾說：「有十户人家的地方，其中必定有像我一樣知道厚黑的人，只是不像我那樣坦率罷了。」

---

1 以《論語》改寫，原文：「君子務本，本立而道生。孝悌也者，其仁之本與！」原意指為「君子憑恃著仁為根本」，此改寫為「君子憑恃著厚黑為根本」。

2 以《論語》改寫，原文：「三人行，必有我師焉。擇其善者而從之，其不善者而改之。」原意指為「君子以善者為師」，此改寫為「君子以厚黑者為師」。

3 以《論語》改寫，原文：「天生德於予，桓魋其如予何？」原意指為「天性有德者就不怕他人」，此改寫為「天性有厚黑者就不怕他人」。

4 以《論語》改寫，原文：「十室之邑，必有忠信如丘者焉，不如丘之好學也。」原意指為「在小縣中可以找到像我一樣忠信，卻很難找到像我一樣愛學習的人」，此改寫為「在小縣中可以找到像我一樣厚黑，卻很難找到像我一樣坦率人」。

宗吾曰：「君子無終食之間違厚黑，造次必於是，顛沛必於是。」1

★李宗吾說：「君子時刻不會違反厚黑，緊急時如此，衰亂時也是如此。」

宗吾曰：「如有項羽之才之美，使厚且黑，劉邦不足觀也已！」2

★李宗吾說：「如果具有項羽那樣高超的才能，再使他臉厚心黑，那麼劉邦算什麼呢？」

宗吾曰：「厚黑之人，能得千乘之國；苟不厚黑，簞食豆羹不可得。」3

★李宗吾說：「臉厚心黑的人，能夠得到一個大國的統治權，如果不厚不黑，那一碗飯的一匙湯都得不到。」

宗吾曰：「五穀者，種之美者也；苟為不熟，不如荑稗；夫厚黑，亦在乎熟之而已矣。」[4]

---

1 以《論語》改寫，原文：「君子無終食之間違仁，造次必於是，顛沛必於是。」原意指為「君子時刻不會違反仁道，緊急或衰亂時皆如此」，此改寫為「君子時刻不會違反厚黑，緊急或衰亂時皆如此」。

2 以《論語》改寫，原文：「如有周公之才之美，使驕且吝，其餘不足觀也已。」原意指為「像周公這樣有才能的人，如果驕傲又吝嗇，也不足以學習」，此改寫為「如果像項羽這樣有才能的人，再臉厚心黑，連劉邦都比不上他」。

3 以《孟子．盡心下》改寫，原文：「好名之人能讓千乘之國，苟非其人，簞食豆羹見於色。」原意指為「喜好功名的人能讓出千輛兵車的國家，但若不是真的那麼大方，損失一碗湯也會顯於臉色」，此改寫為「臉厚心黑的人，能夠得到一個大國的統治權，如果不厚不黑，那一碗飯的一匙湯都得不到」。

4 以《孟子．告子上》改寫，原文：「五穀者，種之美者也；苟為不熟，不如荑稗。夫仁，亦在乎熟之而已矣。」原意指為「人際關係需要和五穀一樣在成熟時採收」，此改寫為「厚黑也需要成熟」。

★

李宗吾說：「播種那美好的五穀，如果不能成熟，那還不如野草稗子；那厚黑也在於老練成熟罷了。」

宗吾曰：「道學先生，厚黑賊也。居之似忠信，行之似廉潔，眾皆悅之，自以為是，而不可與入曹劉之道，故曰：厚黑之賊也。」[1]

★

李宗吾說：「道學先生是厚黑的敵人。他們平素講究忠誠老實，行爲好像廉潔，人們都喜歡他們，他們也自以爲是，但不能進入曹劉的檔次，所以道學家之流是厚黑的敵人。」

宗吾曰：「無惑乎人之不厚黑也！雖有天下易生之物也，一日暴之，十日寒之，未有能生者也。吾見人講厚黑亦罕矣！吾退而道學先生至矣！吾其如道學先生何哉？今夫厚黑之為道，大道也；不專心致志，則不得也。宗吾發明厚黑學者也，使宗吾誨二人厚黑，其一人專心致志，惟宗吾之為聽，一人雖聽之，一心以為有道學先生將至，思竊聖賢之名而居之，則雖與之俱學，弗若之矣！為其資質弗若歟？曰：非也。」[2]

1：以《孟子．盡心下》改寫，原文：「非之無舉也，刺之無刺；同乎流俗，合乎汙世；居之似忠信，行之似廉潔；眾皆悅之，自以為是，而不可與入堯舜之道，故曰德之賊也。」原意指為「同流合汙者並非真正的好人」，此改寫為「沒有到達曹劉的檔次，並非真正的厚黑」。

2：以《孟子．盡心下》改寫，原文：「無或乎王之不智也！雖有天下易生之物也，一日暴之，十日寒之，未有能生者也。吾見亦罕矣！吾退而寒之者至矣！吾如有萌焉何哉？今夫弈之為數，小數也；不專心致志，則不得也。弈秋，通國之善奕者也。使弈秋誨二人弈，其一人專心致志，惟弈秋之為聽。一人雖聽之，一心以為有鴻鵠將至，思援弓繳而射之，雖與之俱學，弗若之矣！為是其智弗若與？曰：非然也。」原意指為「專心致志才能有所成就」，此改寫為「學習厚黑必須專心致志」。

★李宗吾說：「不要對有些人不厚黑感到不可理解！即使天下有最容易生長的生物，曝曬他一天，再解凍他十天，那麼這個生物就不可能生長出來。我看現在人們之中，講厚黑的的確不太多，但我一旦退讓，那麼道學先生就來到了！我和道學先生相比究竟如何呢？今天厚黑作爲一門學問，是大道理！如果不專心致志地學，那是不可能學到手的。我是發明厚黑學的人，假若讓我教二人學習厚黑學，其中一人學起來專心致志，只聽我所教誨的話，而另一個人儘管也聽我所說的，但卻又一心以爲將有道學先生會到來，想追求所謂聖賢的美名，那麼，後者儘管與前者同樣在我面前學習厚黑，但後者定然不如前者！是因爲後者天資素質不如前者嗎？我說：『不是』。」

宗吾曰：「有失敗之事於此，君子必自反也，我必不厚；其自反而厚矣，而失敗猶是也，君子必自反也，我必不黑；其自反而黑矣，其失敗猶是也，君

子曰：反對我者，是亦妄人也已矣！如此則與禽獸奚擇哉！用厚黑以殺禽獸，又何難焉？」[1]

★

李宗吾說：「假如有件失敗的事放在這裡，君子就必定會透過自我反省而到達成功。學習厚黑也是如此，面對不厚的情況，也能透過自我反省而達到厚的境地；而對不黑的情況，透過自我反省也能到達黑的境地。君子說：『那些反對我的人，正是不知自我反省的狂人罷了！這種人與禽獸又有什麼不同呢？』如此看來，用厚黑去殺禽獸，又有什麼難處呢？」

1 以《孟子．離婁下》改寫，原文：「其橫逆由是也，君子必自反也，我必不忠：自反而忠矣，其橫逆由是也，君子曰：『此亦妄人也已矣。如此則與禽獸奚擇哉？於禽獸又何難焉？』」原意為「遇到橫強的人先自省是否有竭成待人」，此改寫為「需時常反省自己是否達厚黑之境地」。

宗吾曰：「厚黑之道，高矣美矣？宜若登天然，而未嘗不可幾及也。譬如行遠，必自邇，譬如登高，必自卑；身不厚黑，不能行於妻子，使人不以厚黑，不能行於妻子。」[1]

★

李宗吾說：「厚黑之道，眞是既高深又完美，要掌握它看上去好像登天一樣，但實際上也並不是不可企及的。這就如同行遠路必定要從近處出發，攀登高山必定要從低處開始一樣，掌握和實行厚黑也要從對待自己的妻子和子女開始，換句話說，也就是如果不厚黑，連自己的妻兒子女也不能對付。」

我著厚黑經，意在使初學的人便於諷誦，以免遺忘。不過有些道理，太深奧了，我就於經文上下加以說明。

宗吾曰：「不曰厚乎，磨而不薄；不曰黑乎，洗而不白。」後來我改為：「不曰厚乎，越磨越厚；不曰黑乎，越洗越黑。」有人問我：「世間哪有這種東西？」我說：「手足的繭疤，是越磨越厚；沾了泥土塵埃的煤炭，是越洗越黑。」人的面皮很薄，慢慢的磨練，就漸漸地加厚了；人的心，生來是黑的，遇著講因果的人，講理學的人，拿些道德仁義蒙在上面，才不會黑，假如把他洗去了，黑的本體自然出現。

★

李宗吾說：「以前我曾說，『不是說厚嗎，磨而不薄；不是說黑嗎，洗而不明。』後來我改為：『不是說厚嗎，越磨越厚；不是說黑嗎，越洗越黑。』有人問我：『世界上哪有這種東西？』我說：『手和腳的疤就是越磨越厚，沾了泥土塵埃的煤炭就是越洗越黑。』人的臉皮本來很薄，慢慢地磨練，就漸漸的加厚；人的心生來是黑的，遇著講因果的人，講理學的人，拿些仁義道德蒙

1 以《孟子・盡心上》改寫，原文：「公孫丑曰：『道則高矣，美矣，宜若登天然，似不可及也；何不使彼為可幾及而日孳孳也？』」原意為「道為何不降低標準，讓人能所及呢？」

在上面，才不會黑，假如把這些洗去了，黑底本性自然會出現。」

宗吾曰：「厚黑者，非由外鑠我也，我固有之也。[1]天生庶民，有厚有黑，民之秉彝，好是厚黑。」這是可以試驗的。隨便找一個當母親的，把她親生孩子抱著吃飯，小孩見了母親手中的碗，就伸手去拖，如不提防，就會被他打爛；母親手中拿著糕餅，他一見就伸手來拿，如果母親不給他，把糕餅放在自己口中，他就會伸手把母親口中糕餅取出，放在他自己的口中。又如小孩坐在母親的懷中吃奶或者吃餅的時候，哥哥走至面前，他就要用手推他打他。這些事都是「不學而能，不慮而知」的，這即是「良知良能」了。把這種「良知良能」擴充出去，就可建立驚天動地的事業。唐太宗殺他的哥哥建成、殺他的弟弟元吉，又把建成和元吉的兒子全行殺死，把元吉的妃子納入後宮，又逼著父親把天下讓與他。他這種舉動，全是把當小孩時，搶母親口中糕餅和推哥哥、打哥哥那種「良知良能」擴充出來的。普通人，有了這種「良知良能」不知道擴充，惟有唐太宗把它擴充了，所以他就成為千古的英雄。故宗吾曰：「口之於味也，有同耆焉；耳之於聲也，有同聽焉；目之於色也，有同美焉。於至而與心，獨無所同然乎？心之所同然者，何也？謂厚也，黑也。英雄特擴充我面與心之所同然耳。」

★

李宗吾說：「厚黑並不是從外面傳到自身，而是人本身固有的。人們天生就具有厚黑，老百姓的本能最喜歡的也是厚黑。」這可以用試驗證明：隨便找一個當母親的，讓他抱著親生兒子吃飯，小孩見了母親手中的碗就伸手去拖，如不提防，就會被他打爛；母親手中拿著糕餅放進自己的口中，他就會伸手從母親口中把糕餅取出放在他自己的口中。又如小孩坐在母親的懷抱中吃奶，或

1 以《孟子．告子上》改寫，原文：「仁義禮智，非由外鑠我也，我固有之也。」原意指為「人天性善良」，此改寫為「人天性厚黑」。

者吃餅的時候，哥哥走到前面，他就伸手推他打他。這些事都是不學而會，不慮而知，也就是良知良能了。把這種良知良能擴散出去，就可以建立驚天動地的事業。唐太宗殺他哥哥李建成、殺他的弟弟李元吉，又把建成與元吉的兒子全部殺死，把元吉的妻子納入後宮，又逼著父親把天下讓給他。他這種舉動是把當小孩時，搶母親口中糕餅，和推哥哥、打哥哥的那種良知良能擴散出來。普通人，有了這種良知良能，不知道運用，只有唐太宗把它擴散了，所以他就成爲千古英雄。所以李宗吾說：「口對於美味，人們都有共同的嗜好，耳朵對於聲音，人們都有共同的感覺，眼睛對於美色，人們都有共通的美感，至於臉和心，獨獨就沒有共同的感覺嗎？其實，臉和心所共同感的就叫厚，就叫黑。所謂英雄，僅僅只是擴散了人們臉和心的共同感覺罷了。」

厚黑這個道理，很明白的擺在面前，不論什麼人都可見到，不過剛剛一見到，就被《感應篇》、《陰騭文》[1]或道學先生的學說壓伏下去了。故宗吾曰：

「牛山之木嘗美矣，斧斤伐之，非無萌孽之生焉；牛羊又從而牧之，是以若彼其濯濯也。雖存乎人者，豈無厚與黑哉！其所以摧殘其厚黑者，亦猶斧斤之於木也，旦旦而伐之，則其厚黑不足以存。厚黑不足以存，則欲為英雄也難矣！人見其不能為英雄也，而以為未嘗有厚黑焉，是豈人之情也哉？故苟得其養，厚黑日長；苟失其養，厚黑日消。」[2]

---

1 《太上感應篇》為道教聖書，作者不詳。
《陰騭文》也作《文昌帝君陰騭文》，為道教勸善典籍。作者不詳。

2 以《孟子．告子上》改寫，原文：「牛山之木嘗美矣，以其郊於大國也，斧斤伐之，可以為美乎？是其日夜之所息，雨露之所潤，非無萌糱之生焉，牛羊又從而牧之，是以若彼濯濯也。人見其濯濯也，以為未嘗有材焉，此豈山之性也哉？雖存乎人者，豈無仁義之心哉？其所以放其良心者，亦猶斧斤之於木也，旦旦而伐之，可以為美乎？其日夜之所息，平旦之氣，其好惡與人相近也者幾希，則其旦晝之所為，有梏亡之矣。梏之反覆，則其夜氣不足以存；夜氣不足以存，則其違禽獸不遠矣。人見其禽獸也，而以為未嘗有才焉者，是豈人之情也哉？故苟得其養，無物不長；苟失其養，無物不消。」原意為「善心必須經過培養」，此改寫為「厚黑必須經過培養」。

★ 厚黑這個道理，很明白地擺在面前，不論什麼人都可以見到，不過剛剛一見到，就被那佛教講因果感應，勸人積陰德的文章，或道學先生的學說，壓伏下去了。所以李宗吾說：「牛山上的樹木本來是美好的，遭到刀斧的砍伐後，卻不能說它沒有生長繁殖的能力；接著又在上面放牧牛羊，因此牛山就像現在這樣光禿禿的。同樣的道理，既然有人類存在，難道會沒有厚與黑嗎？但之所以厚黑遭到摧殘，也就好比樹木遭到刀斧的砍伐，天天受到砍伐，那麼厚黑就不能夠存在，所以想成爲英雄也就很困難了！人們發現不能成爲英雄，便以爲不曾有厚黑，這難道不是人之常情嗎？所以如果有了良好的糧食，那麼厚黑就會一天天生長起來；如果失去了營養，那麼厚黑就會一天天消失了。」

宗吾曰：「小孩見母親口中有糕餅，皆知搶而奪之矣，人能充其搶母親口中糕餅之心，而厚黑不可勝用也，足以為英雄為豪傑。是之謂『大人者，不失其赤子之心者也。』苟不充之，不足以保身體，是之謂『自暴自棄』。」

★

李宗吾說：「小孩見母親口中有糕餅，都知道搶奪它，人們這種搶母親口中糕餅的心，是夠用了，如果在運用的基礎上再去擴大，那就足以成爲英雄，成爲豪傑，這種情況可以稱之爲：『所謂的大人物，就是沒有失去赤子之心的人。』如果不去擴充它來保養身體，就可以稱他是『自暴自棄』。」

有一種天資絕高的人，他自己明白這個道理，就實力奉行，祕不告人。又有一種人資質魯鈍的人，已經走入這個途徑，自己還不知道。故宗吾曰：「行之而不著焉，習矣而不察焉，終身由之，而不知厚黑者眾也。」

★

有一種天資很高的人，他自己明白這個道理，就實實在在地身體力行，隱密而不告訴別人。又有一種資質駑鈍的人，已經走入了這個途徑，自己卻不知道。所以李宗吾說：「實行它而不明白，習慣它而不察覺，終身在使用厚黑，然而不了解厚黑的人多得很。」

世間學說，每每誤人，唯有厚黑學絕不會誤人，就是走到了山窮水盡，當乞丐的時候，討口飯，也比別人多討點。故宗吾曰：「自大總統以至於乞兒，壹是皆以厚黑為本。」

★

世間有許多學說經常誤人，只有厚黑學絕對不誤人。就是走到了山窮水盡當乞丐的時候，討口飯，也比別人多討點。所以李宗吾說：「大自皇帝，小到討飯的叫花子，都以厚黑爲根本。」

厚黑學博大精深，有志此道者，必須專心致志，學過一年，才能應用，學過三年，才能大成。故宗吾曰：「苟有學厚黑者，期月而已可也，三年有

成。」

★

厚黑學博大精深，有志於這種學問的人，必須專心致志，學過一年，才能應用，學過三年，才能大有成就。所以李宗吾說：「如果有學厚黑的人，一個月滿了就會有收穫，三年後就會有所成就。」

厚黑傳習錄

厚黑的施用，定要糊一層仁義道德，不能把它赤裸裸的表現出來。

有人問我道：「你發明厚黑學，為什麼你做事每每失敗，為什麼你的學生的本領還比你大，你每每吃他的虧？」我說：「你這話差了。凡是發明家，都不可登峰造極。儒教是孔子發明的，孔子登峰造極了，顏、曾、思、孟[1]去學孔子，他們的學問，就比孔子低一層；周、程、朱、張[2]去學顏、曾、思、孟，學問又低一層；後來學周、程、朱、張的，更低一層，愈趨愈下，其原因就是教主的本領太大了。西洋的科學則不然，發明的時候很粗淺，越研究越精深。發明蒸氣的人，只悟得汽沖壺蓋之理；發明電氣的人，只悟得死蛙運動[3]之理。後人繼續研究下去，造出種種的機械，有種種的用途，這是發明蒸氣、電氣的人所萬不逆料的。可見西洋科學，是後人勝過前人，學生勝過先生；我的「厚黑學」與西洋科學相類。我只能講點汽沖壺蓋、死蛙運動，中間許多道理，還望後人研究，我的本領當然比學生小，遇著他們，當然失敗；將來他們傳授些學生出來，他們自己又被學生打敗。一輩勝過一輩，厚黑學自然就昌明了！」

又有人問道：「你把厚黑學講得這樣神妙，為什麼不見你做出一些轟轟烈烈的事情？」我說道：「我試問，你們的孔夫子，究竟做出了多少轟轟烈烈的事情？」他講的為政為邦，道千乘之國，究竟實行了幾件？曾子著一部《大學》，專講治國平天下，請問他治的國在哪裡？平的天下在哪裡？子思著了一部《中庸》，說了些中和位育[4]的話，請問他中和位育的實際安在？你不去質問他們，反來質問我，明師難遇，至道難聞，這種『無上甚深微妙法，百千萬劫難遭遇。』[5]你聽了還要懷疑，未免自誤。」

我把《厚黑學》發表出來，一般人讀了，都說道：「你這門學問，博大精深，難於領悟，請指示一條捷徑。」我問他：「想做什麼？」他說：「我想弄

1 此指顏子、曾子、思子、孟子。
2 北宋濂、洛、關、閩四派理學家周敦頤、程頤、程顥、張載及朱熹等五人的合稱。
3 一種生物放電現象。
4 儒家口號，提倡修養的功夫到達極致為不偏不移，中和的手段。
5 出自《開經偈》，表示佛法具有高深、細微等特點，即使經歷幾百、幾千萬劫的漫長時光，要與佛法相遇極為難得。

一個官來做，並且還要轟轟烈烈的做些事，一般人都認為是大政治家。」我於是傳他求官六字真言、做官六字真言和辦事二妙法。

求官六字真言

求官六字真言：「空、貢、衝、捧、恐、送」。此六字俱是仄聲，其意義如下：

空

即空閒之意，分兩種：一指事務而言，求官的人，定要把一切事放下，不工不商，不農不賈，書也不讀，學也不教，一心一意，專門求官。二指時間而言，求官的人要有耐心，不能著急，今日不生效，明日又來，今年不生效，明年又來。

貢

這個字是借用的，是四川的俗語，其意義等於鑽營的鑽字，「鑽進鑽出」，可以說「貢進貢出」。求官要鑽營，這是眾人知道的，但是定義很不容易下。有人說：「貢字的定義，是有孔必鑽。」我說：「錯了！只說得一半，有孔才鑽，無孔者其奈之何？」我下的定義是：「有孔必鑽，無孔也要入。」有孔者擴而大之；無孔者，取出鑽子，新開一孔。

衝

普通所謂之「吹牛」，四川話是「衝帽殼子」。衝的工夫有兩種：一是口頭上，二是文字上的。口頭上又分普通場所及上峰的面前兩種；文字上又分報章雜誌及說帖、條陳兩種。

捧

就是捧場的捧字。戲臺上魏公出來了，那華歆[1]的舉動，就是絕好的模範人物。

恐

是恐嚇的意思，是他動詞[2]。這個字的道理很精深，我不妨多說幾句。官之為物，何等寶貴，豈能輕易給人？有人把捧字做到十二萬分，還不生效，這就是少了恐字的工夫；凡是當軸諸公[3]，都有軟處，只要尋著他的要害，輕輕點他一下，他就會惶然大嚇，立刻把官兒送來。學者須知，恐字與捧字，是互相為用的，善恐者捧之中有恐，旁觀的人，看他在上峰面前說的話，句句是阿諛逢迎，其實是暗擊要害，上峰聽了，汗流浹背。善捧者恐之中有捧，旁觀的人，看他傲骨棱棱，句句話責備上峰，其實受之者滿心歡喜，骨節皆酥。「神而明之，存乎其人」[4]，「大匠能與人規矩，不能使人巧」[5]，是在求官的人細心體會。最要緊的，用恐字的時候，要有分寸，如用過度了，大人們老羞成怒，作起對來，豈不就與求官的宗旨大相違背？這又何苦乃爾？非到無可奈何的時候，恐字不能輕用。

1 表示巴結逢迎的官人。
2 「他動詞」表示有一個「動作的對象」，即及物動詞。
3 比喻在政府中居主要地位，執掌主要權力。
4 出自《易經．繫辭上》，表示玄妙高深的道理，只有聖哲才能明白。
5 出自《孟子．盡心上》，表示更高深的學問要依靠自己鑽研，老師無法言傳。

送

即是送東西，分大小二種：大送，把銀元鈔票一包一包的拿去送；小送，如春茶、火肘[1]及請吃館子之類。所送的人分兩種，一是操用舍之權[2]者，二是未操用舍之權而能予我以助力者。

這六字做到了，包管字字發生奇效，那大人先生，獨居深念，自言自語說：某人想做官，已經說了許多（這是空字的效用），他和我有某種關係（這是貢字的效用），其人很有點才具（這是衝字的效用），對於我很好（這是捧字的效用）。但此人有點壞才，如不安置，未必不搗亂（這是恐字的效用），想到這裡，回頭看見桌上黑壓壓的，或者白亮亮的堆了一大堆（這是送字的效用），也就無話可說，掛出牌來，某缺著某人署理。求官到此，可謂功行圓滿了。於是走馬上任，實行做官六字真言。

做官六字真言

做官六字真言：「空、恭、繃、兇、聾、弄」。此六字俱是平聲，其意義如下：

空

空即空洞的意思。一是文字上，凡是批呈詞、出文告，都是空空洞洞的，其中奧妙，我難細說，請到軍政各機關，把壁上的文字讀完，就可恍然大悟；二是辦事上，隨便辦什麼事情，都是活搖活動，東倒也可，西倒也可，有時辦

1 火肘，指火腿和肘子，肘子就是豬蹄。

2 「用舍」也作「用捨」，即取捨。用舍之權，意為掌握用人與否的權力。

得雷厲風行，其實暗中藏有退路，如果見勢不佳，就從那條路抽身走了，絕不會把自己牽掛著。

恭

就是卑躬折節，脅肩諂笑[1]之類，分直接、間接兩種，直接是指對上司而言，間接是指對上司的親戚朋友、丁役及姨太太等等而言。

繃

即俗語所謂繃勁，是恭字的反面字，指對下屬及老百姓而言。分兩種：一是儀表上，赫赫然大人物，凜不可犯；一是言談上，儼然腹有經綸，槃槃大才。恭字對飯甑子[2]所在地而言，不必一定是上司；繃字對非飯甑子所在地而言，不必一定是下屬和老百姓，有時飯甑子之權[3]，不在上司，則對上司亦不妨繃；有時飯甑子之權，操諸下屬或老百姓，又當改而為恭。吾道原是活潑潑地，運用之妙，存乎一心。

兇

只要能達到我的目的，他人亡身滅家，賣兒貼婦，都不必顧忌；但有一層應當注意，兇字上面，定要蒙一層道德仁義。

1 聳立肩膀，露出諂媚的笑容。形容逢迎巴結人的醜態。
2 代表一個人，意指離不開的人。例如：你就是我的飯甑子啊，沒有你，我到哪盛飯去？
3 甑子之權從字面意思講就是掌管食物的權力，引申為賞自己飯吃的人。

聾

就是耳聾：「笑罵由他笑罵，好官我自為之。」但，聾字中包含有瞎子的意義，文字上的詆罵，閉著眼睛不看。

弄

即弄錢之弄，川省俗語讀作平聲。千里來龍，此處結穴，前面的十一個字，都是為了這個字而設的。弄字與求官之送字是對照的，有了送就有弄。這個弄字，最要注意，是要能夠在公事上通得過才成功。有時通不過，就自己墊點腰包裡的錢，也不妨；如果通得過，任他若干，也就不用客氣了。

以上十二個字，我不過粗舉大綱，許多的精義，都沒有發揮，有志於官者可按門徑，自去研究。

辦事二妙法

鋸箭法

有人中了箭，請外科醫生治療，醫生將箭幹鋸下，即索謝禮。問他為什麼不把箭頭取出？他說：那是內科的事，你去尋內科好了。這是一段相傳的故事。

現在各軍政機關，與夫大辦事家，都是用的這種方法。譬如批呈詞：「據呈某某等情，實屬不合已極，仰候令飭該縣知事，查明嚴辦。」「不合已極」這四個字是鋸箭幹，「該知事」是內科，抑或「仰候轉呈上峰核辦」，那「上峰」就是內科。又如有人求我辦一件事情，我說：「這個事情我很贊成，但是，還要同某人商量。」「很贊成」三字是鋸箭幹，「某人」是內科。又或說：「我先把某部分辦了，其餘的以後辦。」「先辦」是鋸箭幹，「以後」是內科。此外有只鋸箭幹，並不命其尋找內科的，也有連箭幹都不鋸，命其徑尋內科的，種種不同，細參自悟。

補鍋法

做飯的鍋漏了，請補鍋匠來補。補鍋匠一面用鐵片刮鍋底煤煙，一面對主人說：「請點火來我燒煙。」他乘著主人轉背的時候，用鐵錘在鍋上輕輕的敲幾下，那裂痕就增長了許多，及主人轉來，就指與他看，說道：「你這鍋裂痕很長，上面油膩了，看不見，我把鍋煙刮開，就現出來了，非多補幾個釘子不可。」主人埋頭一看，很驚異的說：「不錯！不錯！今天不遇著你，這個鍋子恐怕不能用了！」及至補好，主人與補鍋匠，皆大歡喜而散。

鄭莊公縱容共叔段[1]，使他多行不義，才舉兵征討，這就是補鍋法了。歷史上這類事情是很多的。有人說：「中國變法，有許多地方是把好肉割壞了來醫。」這是變法諸公用的補鍋法。在前清官場，大概是用鋸箭法，民國以來，是鋸箭、補鍋二者互用。

上述二妙法，是辦事的公例，無論古今中外，合乎這個公例的就成功，違反這個公例的即失敗。管仲是中國的大政治家，他辦事就是用這兩種方法。狄人伐衛，齊國按兵不動，等到狄人把衛絕了，才出來做「興滅國繼絕世」的義舉[2]，這是補鍋法。召陵之役[2]，不責楚國僭稱王號，只責他苞茅不貢[3]，這

1 鄭莊公知道親弟共叔段打算反叛，並先佯裝允諾給地，再等時機成熟一舉討伐。

2 狄人大舉攻衛，齊桓公率諸侯國替衛國在楚丘另建新都。經過多年努力，齊桓公對楚國一再北侵，給予了有力的回擊，最後聯軍伐楚，抑制了楚國北侵，保護了中原諸國，這就是「召陵之盟」、「伐楚之役」。

3 出自《左傳》，春秋時齊國以楚國不向周朝入貢苞茅為藉口，出兵攻打楚國的故事。

是鋸箭法。那個時候，楚國的實力，遠勝齊國，管仲敢於勸齊桓公興兵伐楚，可說是鍋敲爛了來補。及到楚國露出反抗的態度，他立即鋸箭了事。召陵一役，以補鍋法始，以鋸箭法終，管仲把鍋敲爛了能把它補起，所以稱為「天下才」。

明季武臣，把流寇圍住了，故意放他出來，本是用的補鍋法，後來制他不住，竟至國破君亡，把鍋敲爛了補不起，所以稱為「誤國庸臣」。岳飛[1]想恢復中原，迎回二帝，他剛剛才起了取箭頭的念頭，就遭殺身之禍。明英宗也先被捉去，于謙[2]把他弄回來，算是把箭頭取出了，仍然遭殺身之禍，何以故？違反公例故。

晉朝王導為宰相，有一個叛賊，他不去討伐。陶侃[3]責備他，他復信說：「我遵養時晦，以待足下。」[4]侃看了這封信笑說：「他無非是『遵養時賊』罷了。」王導「遵養時賊」以待陶侃，即是留著箭頭，專等內科。諸名士在新亭流涕，王導變色曰：「當共戮力王室，克復神州，何至作楚囚對泣？」[5]他義形於色，儼然手執鐵錘，要去補鍋，其實說兩句漂亮話就算完事，懷、湣二帝，陷在北邊，永世不返，箭頭永未取出。王導這種舉動，略略有點像管仲，所以歷史上稱他為「江左夷吾」[6]。讀者如能照我說的方法去實行，包管成為管子而後的第一個大政治家。

1 岳飛北伐功虧一簣，在打贏朱仙鎮之戰、光復洛陽之後，就被「十二道金牌」緊急公文強行拉回，未能「迎回徽欽二帝」。

2 于謙曾在明英宗被挾持時擁立明英宗的弟弟朱祁鈺為王，待明英宗回歸時則賜于謙死，表示自己的權威。

3 中國晉朝重要的軍事將領。

4 暫時退隱，以等待時機。

5 我們應該共同努力，報效國家，收復中原才是：怎麼可以像楚囚一樣束手無策，只是相對流淚呢？

6 江左，指長江以東之地。夷吾，指春秋時齊國賢相管仲。比喻具有輔國佐政的賢才。

結論

說了一大堆的話，在這收頭結大瓜的時候，不妨告訴讀者一點祕訣：厚黑的施用，定要糊一層仁義道德，不能把它赤裸裸的表現出來。王莽的失敗，就是由於露出了厚黑的原故。如果終身不露，恐怕王莽至今還在孔廟裡吃冷豬肉。韓非子說：「陰用其言而顯棄其身。」[1]這個法子，也是定要的。即如我著這本《厚黑學》，你們應當祕藏枕中，不可放在桌上。假如有人問你：「你認識李宗吾嗎？」你就要做一種很莊嚴的面孔說：「這個人壞極了，他是講厚黑學的，我認他不得。」口雖這樣說，但，心裡應當供一個「大成至聖先師李宗吾之位。」你們能夠這樣做去，生前的事業，一定驚天動地，死後一定入孔廟吃冷豬肉無疑。所以我每聽見人罵我，我非常高興，說道：「吾道大行矣。」

還有一點，我前面說：「厚黑上面，要糊上一層仁義道德。」這是指遇著道學先生而言。假如遇著講性學的朋友，你同他講仁義道德，豈非自討沒趣？這個時候，應當糊上「戀愛神聖」四個字。若遇著了講馬克思的朋友，就糊上「階級鬥爭，勞工專政」八個字，難道他不喊你是同志嗎？總之，面子上應當糊以什麼東西，是在學者因時因地，神而明之，而裡子的厚黑二字，則萬變不離其宗。有志斯學者，細細體會！

1 意思是暗地採納進說者的主張而表面疏遠進說者。

厚黑叢話

厚黑救國。請問居今之日，要想抵抗列強，除了厚黑學，還有什麼法子？此《厚黑叢話》，所以不得不作也。

卷一

著者於滿清末年發明厚黑學，大旨言一部二十四史中的英雄豪傑，其成功祕訣不外面厚心黑四字，歷引史事為證。民國元年，揭登成都「公論日報」，計分三卷，上卷〈厚黑學〉、〈中卷厚黑經〉、下卷〈厚黑傳習錄〉。發表出來，讀者嘩然。中卷僅登及一半，我受友人的勸告，也就中止。原文底稿，已不知拋棄何所。十六年，刊「宗吾臆談」，把三卷大意摘錄其中。去年舍侄等在北平，從「臆談」中抽出，刊為單行本，上海某雜誌似乎也曾登過。

我當初本是隨便寫來開玩笑，不料從此以後，厚黑學二字，竟洋溢乎四川，成一普通名詞。我也莫名其妙，每遇著不相識的朋友，旁人替我介紹，必說道：「這就是發明厚黑學的李某。」幾於李宗吾三字和厚黑學三字合而為一，等於釋迦牟尼與佛教合而為一，孔子與儒教合而為一。

有一次在宴會席上，某君指著我，向眾人說道：「此君姓李名宗吾，是厚黑學的先進。」我趕急聲明道：「你這話錯了，我是厚黑學祖師，你們才是厚黑學的先進。我的位置，等於佛教中的釋迦牟尼，儒教中的孔子，當然稱為祖師。你們親列門墻，等於釋迦門下的十二圓覺，孔子門下的四科十哲，對於其他普通人，當然稱為先進。」

厚黑學，是千古不傳之祕，我把他發明出來，可謂其功不在禹下。每到一處，就有人請我講厚黑學，我身抱絕學，不忍自私，只好勤勤懇懇的講授，隨即筆記下來，名之曰「厚黑叢話」。

有人駁我道：「面厚心黑的人，從古至今，豈少也哉？這本是極普通的事，你何得妄竊發明家之名？」我說：「所謂發明者，等於礦師之尋出煤礦鐵礦，並不是礦師拿些煤鐵嵌入地中，乃是地中原來有煤有鐵，礦師把上面的土石除去，煤鐵自然出現，這就謂之發明了。厚黑本是人所固有的，只因被四書五經、宋儒語錄和《感應篇》、《陰騭文》、《覺世真經》等等蒙蔽了，我把它掃而空之，使厚與黑赤裸裸的現出來，是之謂發明。

牛頓發明萬有引力這種引力，也不是牛頓帶來的，自開闢以來，地心就有吸力，經過了百千萬億年，都無人知道，直至牛頓出世，才把他發現出來。厚黑這門學問，從古至今，人人都能夠做，無奈行之而不著，習矣而不察[1]，直到李宗吾出世，才把他發現出來。牛頓可稱為萬有引力發明家，李宗吾當然可稱厚黑學發明家。

有人向我說道：「中國連年內亂不止，正由彼此施行厚黑學，才鬧得這樣糟。現在強鄰壓迫，亡國在於眉睫，你怎麼還在提倡厚黑學？」我說：「正因亡國在於眉睫，更該提倡厚黑學，能把這門學問研究好了，國內紛亂的狀況，才能平息，才能對外。」厚黑是辦事上的技術，等於打人的拳術。諸君知道：凡是拳術家，都要閉門練習幾年，然後才敢出來與人交手。從辛亥至今，全國紛紛擾擾者，乃是我的及門弟子和私塾弟子實地練習，他們師兄師弟，互相切磋。迄今二十四年，算是練習好了，開門出來，與人交手，真可謂「以此制敵，何敵不摧，以此圖功，何功不克。」[2]我基於此種見解，特提出一句口號曰：厚黑救國。請問居今之日，要想抵抗列強，除了厚黑學，還有什麼法子？此《厚黑叢話》，所以不得不作也。

抵抗列強，要有力量，國人精研厚黑學，能力算是有了的。譬之射箭，射是射得很好，從前是關著門，父子弟兄，你射我，我射你；而今以列強為箭垜子，支支箭向同一之垜子射去。我所謂厚黑救國，如是而已。

厚黑救國，古有行之者，越王勾踐是也。會稽之敗[3]，勾踐自請身為吳王之臣，妻入吳宮為妾，這是厚字訣；後來舉兵破吳，夫差遣人痛哭乞情，甘願身為臣，妻為妾，勾踐毫不鬆手，非把夫差置之死地不可，這是黑字訣。由此知：厚黑救國。其程序是先之以厚，繼之以黑，勾踐往事，很可供我們的參考。

項羽拔山蓋世之雄，其失敗之原因，韓信所說「匹夫之勇，婦人之仁」，兩句話就斷定了。匹夫之勇，是受不得氣，其病根在不厚；婦人之仁，是心有所不忍，其病根在不黑。所以我講厚黑學，諄諄然以不厚不黑為大戒。但所謂不厚不黑者，非謂全不厚黑，如把厚黑用反了，當厚而黑，當黑而厚，也是斷然要失敗的。以明朝言之，

---

1 出自《孟子．盡心上》，表示每天都在做，其中蘊含的道理卻不明白。

2 拿這來對付敵人，有什麼敵人不能打垮；拿這來攻擊城市，有什麼城市不能占領！

3 春秋時吳王夫差發兵圍越都會稽，越王句踐稱臣請和，夫差乃罷兵而歸。

不自量力，對滿洲輕於作戰，是謂匹夫之勇。對流寇不知其野性難馴，一意主撫，是謂婦人之仁。由此知明朝亡國，其病根是把厚黑二字用反了。有志救國者，不可不精心研究。

中國現在內憂外患，其情形很與明朝相類，但所走的途徑，則與之相反。強鄰壓境，熟思審處，不悻悻然與之角力，以匹夫之勇為戒。明朝外患愈急迫，內部黨爭愈激烈。崇禎已經在煤山縊死[1]了，福王立於南京，所謂志士者，還在鬧黨爭。福王被滿清活捉去了，輔立唐王、桂王、魯王的志士，還在鬧黨爭。中國邇來則不然，外患愈緊迫，內部黨爭愈消滅，許多兵戎相見的人，而今歡聚一堂。明朝的黨人，忍不得氣，現在的黨人，忍得氣，所走的途徑又與明朝相反，這是更為可喜的。厚黑先生曰：「知明朝之所以亡，則知民國之所以興矣。」我希望有志救國者，把我發明的「厚黑史觀」下細研究。

昨日我回到寓所，見客廳中坐一個很相熟的朋友，一見面就說道：「你怎麼又在報上講厚黑學？現在人心險詐，大亂不已，正宜提倡舊道德，以圖挽救，你發出這些怪議論，豈不把人心越弄越壞嗎？」我說：「你也太過慮了。」於是把我全部思想源源本本說與他聽，直談到二更，他歡然而去，說道：「像這樣說來，你簡直是孔子信徒，厚黑學簡直是救濟世道人心的妙藥，從今以後，我在你這個厚黑教主名下當一個信徒就是了。」

梁任公[2]曾說：「假令我不幸而死，是學術界一種損失。」不料他五十六歲就死了，學術界受的損失，真是不小。古來的學者如程明道[3]、陸象山[4]，是五十四歲死的。韓昌黎、周濂溪、王陽明，都是五十七歲死的。鄙人在厚黑界的位置，自信不在梁、程、陸、韓、周、王之下，講到年齡，已經有韓周王三人的高壽，要喊梁程陸為老弟，所慮者萬一我一命嗚呼，則是曹操、劉備諸聖人相傳之心法，自我而絕，厚黑界受的損失，還可計算嗎？所以我汲汲皇皇的寫文字，余豈好厚黑哉？余不得已也。

馬克思發明唯物史觀，我發明厚黑史觀。用厚黑史觀去讀二十四史，則成敗興衰

1 崇禎十七年（西元一六四四年），起義軍領袖李自成攻破都城北京，崇禎帝於皇宮北側的煤山自縊殉國，明朝也隨即滅亡。

2 梁啟超之號。

3 程顥之號。

4 此指陸九淵，其主張「尊德性」，強調發現內在的道德本性。

了如指掌，用厚黑史觀去考察社會，則如牛渚燃犀[1]，百怪畢現。我們又可用厚黑史觀攻擊達爾文強權競爭的說法，使迷信武力的人失去理論上的立場。我希望閱者耐心讀去，不可先存一個心說：「厚黑學是誘惑人心的東西。」更不可先存一個成見說：「馬克思、達爾文是西洋聖人，李宗吾是中國壞人，從古至今，斷沒有中國人的說法會勝過西洋人的。」如果你心中是這樣想，就請你每日讀華西副刊的時候，看見「厚黑叢話」一欄，就閉目不視，免得把你誘壞。

有天我去會一個朋友。他是講宋學的先生，一見我，就說我不該講厚黑學。我因他是個迂儒，不與深辯，婉辭稱謝。殊知他越說越高興，簡直帶出訓飭的口吻來了。我氣他不過，說道：「你自稱孔子之徒，據我看來，只算是孔子之奴，夠不上稱孔子之徒。何以言之呢？你們講宋學的人，神龕上供的是『天地君親師之位。』[2]你既尊孔子為師，則師徒猶父子，也可說等於君臣。古云：『事父母幾諫』[3]。又云：『事君有犯而無隱。』[4]你為什麼不以事君父之禮事孔子？明知孔子的學說，有許多地方，對於現在不適用，不敢有所修正，直是諂臣媚子之所為，非孔子家奴而何？古今夠得上稱孔子之徒者，孟子一人而已，孔子曰：『我戰則克。』[5]孟子則曰：『善戰者服上刑。』[6]依孟子的說法，孔子是該處以槍斃的。孟子曰：『仲尼之徒，無道桓文之事者。』[7]又把管仲說得極不堪，曰：『功烈如彼其卑也。』[8]而《論語》上明明載，孔子曰：『齊桓公正而不譎。』[9]又曰：『桓公九合諸侯，不以兵車，管仲之力也。如其仁，如其仁。』[10]又曰：『管仲相桓公，霸諸侯，一匡天下，民到於今受其賜。微管仲，吾其被髮左衽矣。』[11]孟子的話，豈不顯與孔子衝突嗎？孔子修《春

---

1 用來形容鬼神怪異之事，「燃犀」也用來比喻洞察奸邪之意。

2 指中國民間祭祀的對象。

3 父母有錯，要好言相勸。

4 服侍君王，對其過失要直言不諱地加以指出。

5 我去打戰的話，就一定能取得勝利。

6 好戰的人應受最重的刑罰。

7 孔子這些人中沒有講述齊桓公、晉文公的事情的人，因此後世沒有流傳。

8 孟子表示管仲擔任丞相這麼久，功績卻很少。

9 齊桓公較為正直，凡事不詐。

10 齊桓公多次召集各諸侯國，主持盟會，沒用武力，而制止了戰爭，這都是管仲的力量啊！這就算他的仁德！這就算他的仁德！

11 管仲做齊桓公的宰相，稱霸諸侯，一匡天下，人民現在還都享受到他的恩惠。沒有管仲，恐怕我們還要受愚昧人的侵擾。

秋》，以尊周為主，稱周王曰『天王』。孟子遊說諸侯，一則曰：『地方百里而可以王。』[1]再則曰：『大國五年，小國七年，必為政於天下。』[2]未知置周王於何地，豈非孔教叛徒？而其自稱，則曰『乃所願則學孔子也。』[3]孟子對於孔子，是脫了奴性的，故可稱之曰孔子之徒，漢宋諸儒，皆孔子之奴也。至於你嗎？滿口程朱，對於宋儒，明知其有錯誤，不敢有所糾正，反曲為之庇，直是家奴之奴，稱曰『孔子之奴』，猶未免過譽。」說罷，彼此不歡而散。閱者須知，世間主人的話好說，家奴的話不好說，家奴之奴，更難得說。中國紛紛不已者，孔子家奴為之也，達爾文家奴為之也，於主人何尤！

我不知有孔子學說，更不知有馬克思學說和達爾文學說，我只知有厚黑學而已。問厚黑學何用？曰用以抵抗列強。我敢以厚黑教主之資格，向四萬萬人宣言曰：「勾踐何人也，予何人也，凡我同志，快快的厚黑起來！何者是同志？心思才力，用於抵抗列強者，即是同志。何者是異黨？心思才力，用於傾陷本國人者，即是異黨。」從前張獻忠祭梓潼文昌帝君[4]文曰：「你姓張，咱老子也姓張，咱與你聯宗罷。」我想，孔子在天之靈，見了我的宣言，一定說：「咱講內諸夏，外夷狄，你講內中國，外列強，咱與你聯合罷。」

梁任公曰：「讀春秋當如讀楚辭，其辭則美人香草，其義則靈修也，其辭則齊桓、晉文，其義則素王制也。」[5]嗚呼，知此者可以讀厚黑學矣！其辭則曹操、劉備，其義則十年沼吳之勾踐[6]，八年血戰之華盛頓[7]也。師法曹操、劉備者，師法厚黑之技術，至曹劉之目的為何，不必深問。斯義也，恨不得起任公於九原，而一與討論之。

1 只要有方圓一百里的土地就可以使天下歸服。

2 如果師從效法周文王，大國需要五年時間，小國需要七年時間，必定在天下發布政令。

3 至於我心裡所嚮往的，就是想學孔子啊！

4 明崇禎十三年，張獻忠征戰保寧，擊敗明朝十萬軍隊，心情大好。途經梓潼縣，得知當地有一座帝君廟，供奉的帝君姓張，他心血來潮，決定去參拜。張獻忠了解到梓潼帝君是張亞子，東晉人，以學術和醫術聞名，深受當地百姓尊敬。張獻忠看到神像上的「張亞子」字樣後，突發奇想，決定承認張亞子為祖宗，宣稱自己是文昌帝君的後人，以此鞏固在四川的威信。

5 出自於梁啟超〈讀《春秋》界說〉，意指讀《春秋》時，應該像讀《楚辭》一樣，《楚辭》記錄美人香草，其內涵具有靈性和修養；《春秋》中的文字則記錄齊桓和晉文，充滿了「有道德的王者」之制度。

6 越王勾踐攻破了吳都吳城，成為歷史上春秋五霸中的最後一位霸王。

7 華盛頓為美國獨立戰爭的大陸軍總司令。

我著厚黑學，純用春秋筆法，善惡不嫌同辭，據事直書，善惡自見。同是一厚黑，用以圖謀一己之私利，是極卑劣之行為，用以圖謀眾人之公利，是至高無上的道德。所以不懂春秋筆法者，不可以讀厚黑學。

民國六年，成都國民公報社把厚黑學印成單行本，宜賓唐倜風作序，中江謝綬青作跋。綬青之言曰：「宗吾發明厚黑學，或以為議評末俗，可以勸人為善，或以為鑿破混沌，可以導人為惡。余則謂：厚黑學無所謂善，無所謂惡，亦視用之何如耳。如利刃然，用以誅叛逆則善，用以屠良民則惡。善與惡，何關於刃？故用厚黑以為善，則為善人，用厚黑以為惡，則為惡人，或善或惡，於厚黑無與也。」綬青這個說法，是很對的，與我所說春秋筆法，同是一意。

倜風之言曰：「孔子曰：『諫有五，吾從其諷。』[1]昔者漢武帝欲殺乳母，東方朔叱令就死[2]。齊景公欲誅圉人，晏子執而數其罪[3]。二君聞言，惕然而止。宗吾此書，大有東方朔、晏子遺意，其言最詼諧，其意最沉痛，直不啻聚千古大奸大詐於一堂，而一一讞定其罪，所謂誅奸諛於既死者非歟[4]！吾人熟讀此書，即知厚黑中人比比皆是，庶幾出而應世，不為若輩所愚[5]。彼為鬼為蜮者，知人之燭破其隱，亦將惶然思返，而不敢妄試其技[6]。審如是也，人與人之間，不得不出於赤心相見之一途，則宗吾此書之有益於世道人心也，豈淺鮮哉！厚黑學之發布，已有年矣，其名詞人多知之。試執人而語之曰：『汝固素習厚黑學者。』無不色然怒，則此書收效為何如，固不俟辯也。」倜風此說固有至理，然不如綬青所說尤為圓通。

莊子曰：「能不龜手，一也，或以封，或不免於嗚呼！」[7]若莊子者，始可與言厚黑矣。禪讓一也，舜禹行之則為聖人，曹丕、劉裕行之，則為逆臣。宗吾曰：「舜禹之事，倘所謂厚黑，是耶非耶，余甚惑焉。」倜風披覽《莊子》不釋手，而於厚黑

---

1 表示提出建言的方法，最好的就是婉言諷諭。
2 漢武帝本想殺奶媽，但東方朔以機智的方式讓漢武帝想起養育之情而不殺。
3 齊景公因愛馬猝死本想殺養馬人，晏子讓君主想起來這樣會傷害仁德，因而作罷。
4 對於奸詐阿諛之人，就算是已經死了的也要去聲討。
5 三國及晉時稱賢人為「庶幾」。「庶幾出而應世，不為若輩所愚」指賢人出與世周旋，不會被你們這些人愚弄。
6 出自《莊子．雜篇．外物》，意為那些被揭露出來作惡的人，知道人們已經看穿了他們的底細而驚慌失措，打算回去改正自己的行為，而不敢再妄加嘗試了。
7 同樣是預防皮膚凍裂的藥膏，有的以此封地得賞，有的卻只能靠漂綿絮為生，原來是用法不同的結果啊！

學，猶一間未達[1]，惜哉！晚年從歐陽竟無[2]，講唯識學，回成都，貧病而死。夏斧私挽以聯，有云：「有錢買書，無錢買米。」假令偶風只買厚黑學一部，而以餘錢買米，雖至今生存可也，然而偶風不悟也。厚黑救國中，失此健將，悲夫！悲夫！

我宣傳厚黑學，有兩種意思：（甲）即偶風所說，「聚千古大奸大詐於一堂，而一一讞定其罪。」民國元年發布的〈厚黑傳習錄〉所說求官六字真言、做官六字真言和辦事二妙法等等，皆屬甲種。（乙）即綬青所說：「用厚黑以為善。」此次所講厚黑救國等語即屬乙種。

閱者諸君對於我的學問，如果精研有得，以後如有人對於你行使厚黑學，你一入眼就明白，可直告之曰：「你是李宗吾的甲班學生，我與你同班畢業，你那些把戲，少拿出來耍些。」於是同學與同學闢誠相見，而天下從此太平矣，此則厚黑學之功也。有人說：「老子云『邦之利器，不可以示人。』你把厚黑學公開講說，萬一國內的漢奸，把他翻譯為英法德俄日等外國文傳播世界，列強得著這種祕訣，用科學方法整理出來，還而施之於我，等於把中國發明的火藥加以改良，還而轟我一般，如何得了？」我說：惟恐其不翻譯，越翻譯得多越好。宋朝用司馬光為宰相，遼人聞之，戒其邊吏曰：「中國相司馬公矣，勿再生事。」列強聽見中國出了厚黑教主，還不聞風喪膽嗎？孔子曰：「言忠信，行篤敬，雖蠻貊之邦可行也。」[3]中國對外政策，應該建築在一個誠字上，今可明明白白告訴他：「中國現遍設厚黑學校，校中供的是『大成至聖先師越王勾踐之神位』。厚黑教主開了一個函授學校，每日在報上發講稿，定下十年沼吳的計畫。這十年中，你要求什麼條件，中國就答應什麼條件，等到十年後，算帳就是了。」我們口中如此說，實際上即如此做，絕不欺哄他。但要敬告翻譯的漢奸先生，譯厚黑學時，定要附譯一段，說：「勾踐最初對於吳王，身為臣，妻為妾。後來吳王請照樣的身為臣，妻為妾，勾踐不允，非把他置於死地不可，加了幾倍的利錢。這是我們先師遺傳下來的教條，請列強於頭錢之外，多預備點利錢就是了。」從前王德用守邊，契丹遣人來偵探，將士請逮捕之，德用說：「不消。」[4]明日，大閱兵，簡直把軍中實情拿與他看。偵探回去報告，契丹即遣人來議和。假如外

1　也作未達一間，意思是指未能通達，只差一點。

2　歐陽漸，原字鏡湖，四十歲以後改字竟無。五十歲前後，歐陽在南京金陵刻經處，自修成就法相唯識之學，門人弟子及學術界漸漸譽為歐陽竟無大師。

3　意指說話要忠信，行為要誠實，即使到了偏遠地區，也能事業順利。

4　不需要。

國人知道中國朝野上下，一致研究厚黑學，自量非敵，因而斂戢其野心，十年後不開大殺戒，則厚黑學之造福於人類者，寧有暨耶。此即漢奸先生翻譯之功也。彼高談仁義者，烏足知之？傳曰：「火烈，民望而畏之，故鮮死焉；水懦弱，民狎而玩之，則多死焉。」[1]厚黑先生者，其我佛如來之化身歟！

友人雷民心，發明了一種最精粹的學說，其言曰：「世間的事，分兩種，一種是做得說不得，一種是說得做不得。例如夫婦居室之事，盡管做，如拿在大庭廣眾中來說，就成為笑話，這是做得說不得。又如兩個朋友，以狎褻語相戲謔，抑或罵人的媽和姐妹，聞者不甚以為怪，如果認真實現，就大以為怪了，這是說得做不得。」民心這個學說，凡是政治界學術界的人，不可不懸諸座右。厚黑學是做得說不得。

做得說不得這句話，是《論語》「民可使由之，不可使知之」[2]的註腳，說得做不得這句話，是《孟子．井田章》和《周禮》一書的註腳。假令王莽、王安石聘民心去當高等顧問，絕不會把天下事鬧得那麼壞。

辛亥年（西元一九一二年）成都十月十八日兵變，全城秩序非常之亂，楊莘友出來任巡警總監，捉著擾亂治安的人，就地正法，出的告示，模仿張獻忠七殺碑的筆調，連書斬斬斬，大得一般人的歡迎。全城男女長幼，提及楊總監之名，歌頌不已。

後來秩序稍定，他發表了一篇〈楊維（莘友名）之宣言〉，說今後當行開明專制，於是物議沸騰，報章上指責他，省議會也糾舉他，說：「而今是共和時代，豈能再用專制手段！」殊不知莘友從前用的手段，純是野蠻專制，後來改行開明專制，在莘友算是進化了，只因把專制二字明白說出，所以大遭物議。民心說：「天下事有做得說不得的。」莘友之事，是很好的一個例證。觀於莘友之事，孔子所說：「民可使由之，不可使知之。」就算得了的解。

我定有一條公例：「用厚黑以圖謀一己之私利，是極卑劣之行為；用厚黑以圖謀眾人公利，是至高無上之道德。」莘友野蠻專制，其心黑矣，而人反歌頌不已，何以故？圖謀公利故。

厚黑救國這句話，做也做得，說也說得，不過學識太劣的人，不能對他說罷了。我這次把厚黑學公開講說，就是想把他變成做得說得的科學。

1　出自左丘明〈子產論政寬猛〉，意指實施政策比如烈火，民眾望見就害怕它，所以很少死於其中。如果像水一樣柔弱，民眾親近並和它嬉戲，就容易死於其中。

2　可以使民眾跟隨我們的道路，不可以讓他們知道為什麼要這樣做。

胡林翼[1]曾說：「只要有利於國，就是頑鈍無恥的事我都幹。」相傳林翼為湖北巡撫時，官文為總督。有天總督夫人生日，藩臺[2]去拜壽，手本已經拿上去了，才知道是如夫人生日，立將手本索回，折身轉去。其他各官，也隨之而去。不久林翼來，有人告訴他，他聽了，伸出大拇指說道：「好藩臺！好藩臺！」說畢取出手本遞上去，自己紅頂花翎的進去拜壽。眾官聽說巡撫都來了，又紛紛轉來。次日官妾來巡撫衙門謝步，林翼請他母親十分優待，官妾就拜在胡母膝下為義女，林翼為乾哥哥。此後軍事上有應該同總督會商的事，就乾妹妹從中疏通。官文稍一遲疑，其妾聒其耳曰：「你的本事，哪一點比我們胡大哥？你依著他的話做就是了。」因此林翼辦事，非常順手。官胡交歡，關係滿清中興甚巨。林翼幹此等事，其面可謂厚矣，眾人不惟不說他卑鄙，反引為美談，何以故？心在國家故。

嚴世蕃是明朝的大奸臣，這是眾人知道的，後來皇上把他拿下，丟在獄中，眾臣合擬一奏折，歷數其罪狀，如殺楊椒山、沈煉之類，把稿子拿與宰相徐階看。階看了說道：「你們還是想殺他？想放他？」眾人說：「當然想殺他。」徐階說：「你這奏折一上去，皇上立即把他放出來，何以故呢？世蕃殺這些人，都是巧取上意，使皇上自動的要殺他。此折上去，皇上就會說：『殺這些人明明出自我的意思，怎麼誣在世蕃身上？』豈不立把他放出嗎？」眾人請教如何辦。徐階說：「皇上最恨的是倭寇，說他私通倭寇就是了。」徐階關著門把折子改了遞上去。世蕃在獄中探得眾人奏折內容，對親信人說道：「你們不必擔憂，不幾天我就出來了。」後來折子發下，說他私通倭寇，大驚道：「完了，完了！」果然把他殺了。世蕃罪大惡極，本來該殺，獨莫有私通倭寇，可謂死非其罪。徐階設此毒計，其心不為不黑，然而後人都稱他有智謀，不說他陰毒，何以故？為國家除害故。

李次青是曾國藩得意門生，國藩兵敗靖港、祁門等處，次青與他患難相共。後來次青兵敗失地，國藩想學孔明斬馬謖，叫幕僚擬奏折嚴參他，眾人不肯擬。叫李鴻章擬，鴻章說道：「老師要參次青，門生願以去就爭。」[3]國藩道：「你要去，很可

1 胡林翼，晚清中興名臣、政治家、文學家、理學家、軍事家，是湘軍前身湘勇重要首領。咸豐六年，胡林翼升為湖北巡撫，極力籠絡時任湖廣總督的滿洲權貴官文，其母收官文之妾為義女，又處處讓利給官文，故胡林翼所言，官文無不言聽計從，為平定太平天國奠定良好基礎。

2 明代掌理一省民政和財政的官員。

3 李次青、李鴻章是曾國藩的得意門生。當李次青犯錯時，曾國藩要向皇上奏劾，讓門生書寫奏章，但由於同門情誼，門生們不敢寫。曾國藩責令李鴻章寫奏章，李鴻章則更加袒護同門情誼，表示門生不敢擬稿，並警告如果曾國藩堅持奏劾李次青，門生們將不得不離開。

以，奏折我自己擬就是了。」次日叫人與鴻章送四百兩銀子去，「請李大人搬鋪。」鴻章在幕中，有數年的勞績，為此事逐出。奏折上去，次青受重大處分。國藩此等地方手段很辣，逃不脫一個黑字，然而次青仍是感恩知遇，國藩死，哭以詩，非常懇摯。鴻章晚年，封爵拜相，談到國藩，感佩不已，何以故？以其無一毫私心故。

上述胡、徐、曾三事，如果用以圖謀私利，豈非至卑劣之行為嗎？移以圖謀公利，就成為最高尚之道德。像這樣的觀察，就可把當偉人的祕訣尋出，也可說把救國的策略尋出。現今天下大亂，一般人都說將來收拾大局，一定是曾國藩、胡林翼一流人，但是要學曾、胡，從何下手？難道把曾胡全集，字字讀，句句學嗎？這也無須，有個最簡單的法子，把全副精神集中在抵抗列強上面，目無旁視，耳無旁聽，抱定厚黑二字，放手做去，得的效果，包管與曾、胡一般無二。如嫌厚黑二字不好聽，你在表面上換兩個好聽字眼就是，不要學楊莘友把專制二字說破。你如有膽量，就學胡林翼，赤裸裸地說道：「我是頑鈍無恥。」列強其奈你何！是之謂厚黑救國。

我把世界外交史研究了多年，竟把列強對外的祕訣發現出來，其方式不外兩種，一曰劫賊式，一曰娼妓式。時而橫不依理，用武力掠奪，等於劫賊之明火劫搶，是謂劫賊式的外交。時而甜言蜜語，曲結歡心，等於娼妓媚客，結的盟約，毫不生效，等於娼妓之海誓山盟，是謂娼妓式的外交。

人問列強以何者立國？我答曰：「厚黑立國。」娼妓之面最厚，劫賊之心最黑，大概軍閥的舉動是劫賊式，外交官的言論是娼妓式。劫賊式之後，繼以娼妓式；娼妓式之後，繼以劫賊式，二者循環互用。娼妓之面厚矣，毀棄盟誓則厚之中有黑。劫賊之心黑矣，不顧唾罵則黑之中有厚。中國自五口通商以來，直至今日，都是吃列強這兩種方式的虧。我們把他的外交祕訣發現出來，就有對付的方法了。

人問：「中國當以何者救國？」我答曰：「厚黑救國。」他以厚字來，我以黑字應之；他以黑字來，我以厚字應之。娼妓艷裝而來，開門納之，但纏頭費絲毫不能出。如服侍不周，把他衣飾剝了，逐出門去，是謂以黑字破其厚。如果列強橫不依理，以武力壓迫，我們就用張良的法子對付他。張良圯上受書，老人種種作用，無非教他面皮厚罷了。蘇東坡曰：「高帝百戰百敗而能忍之，此子房所教也。」我們以對付項羽的法子對付列強，是謂以厚字破其黑。

全國人士都大聲疾呼曰：「救國！救國！」試問救國從何下手？譬諸治病，連病根都未尋出，從何下藥？我們提出厚黑二字，就算尋著病根了。寒病當用熱藥，熱病當用寒藥，相反才能相勝。外人黑字來，我以厚字應；外人厚字來，我以黑字應。剛柔相濟，醫國妙藥，如是而已。他用武力，我即以武力對付之；他講親善，我即與之親善，是為醫熱病用熱藥，醫寒病用寒藥。以此等法醫病，病人必死；以此等法醫國，國家必亡。

《史記》項王謂漢王曰：「天下洶洶數歲者，徒以吾兩人耳，願與漢王挑戰決雌雄。」漢王笑謝曰：「吾寧鬥智不鬥力。」笑謝二字，非厚而何？後來鴻溝劃定，楚漢講和了，項王把太公、呂后送還，引兵東歸，漢王忽然敗盟，以大兵隨其後，把項王逼死烏江，非黑而何？中國現在對於列強，正適用笑謝二字，若與之鬥力，就算違反了劉邦的策略。語曰：「安不忘危。」厚黑經曰：「厚不忘黑。」問：「厚不忘黑奈何？」曰：「有越王勾踐之先例在，有劉邦對付項羽之先例在。」

我在民國元年，就把厚黑學發表出來，苦口婆心，諄諄講說，無奈莫得一人研究這種學問，把一個國家鬧成這樣。今年石青陽[1]死了，重慶開追悼會，正值外交緊急，我挽以聯云：「哲人其萎乎，嗚呼青陽，吾將安仰；斯道已窮矣，吁嗟黑厚，予欲無言。」袁隨園謁岳王墓詩云：「歲歲君臣拜詔書，南朝可謂有人無，看燒石勒求和幣，司馬家兒是丈夫。」[2]吁嗟黑厚，予欲無言！往者不可諫，來者猶可追。凡我同志，快快的厚黑起來，一致對外。

著者住家自流井。我嘗說我們自流井的人，目光不出峽子口；四川的人，目光不出夔門口；中國的人，目光不出吳淞口。阿比西尼亞[3]，是非洲彈丸大一個國家，阿皇敢於對義大利作戰，對法西斯蒂怪傑墨索里尼作戰，其人格較之華盛頓，有過之無不及，真古今第一流人傑哉！將來戰爭結果，無論阿國或勝或敗，抑或敗而至於亡國，均是世界史上最光榮的事。我們應當把阿皇的談話，當如清朝皇帝頒發的《聖諭廣訓》[4]，楷書一通，每晨起來，恭讀一遍這就算目光看出吳淞口去了。

有人問我道：「你的厚黑學，怎麼我拿去實行，處處失敗？」我問：「我著的《宗吾臆談》和《社會問題之商榷》二書，你看過莫有？」答：「莫有。」我問：「《厚黑學》單行本，你看過莫有？」答：「莫有。我只聽見人說：『做事離不得臉皮厚、心子黑。』我就照這話行去。」我說：「你的膽子真大，聽見厚黑學三字，就

1 中國同盟會早期骨幹。
2 源自袁枚《謁岳王墓作十五絕句十四首其五》，意為宋對金稱臣，南宋還算在不在呢？石勒當初沒有把握斬准求和機會稱王，如今是晉朝司馬睿的天下了。
3 義大利在西元一九三五年入侵獨立的非洲王國阿比西尼亞，即今之衣索比亞。
4 是雍正二年出版的官修典籍。訓諭世人守法和應有的德行、道理。

拿去實行，僅僅失敗，尚能保全生命而還，還算你的造化。我著《厚黑學》，是用厚黑二字，把一部二十四史一以貫之，是為『厚黑史觀』。我著《心理與力學》，定出一條公例：『心理變化，循力學公例而行。』是為『厚黑哲理』。基於厚黑哲理，來改良政治、經濟、外交與夫學制等等，是為厚黑哲理之應用。其詳俱見《宗吾臆談》及《社會問題之商榷》二書。你連書邊邊都未看見，就去實行，真算膽大。」

厚黑學這門學問，等於學拳術，要學就要學精，否則不如不學，安分守己，還免得挨打。若僅僅學得一兩手，甚或拳師的門也未拜過，一兩手都未學得，遠遠望見有人在習拳術，自己就出手伸腳的打人，焉得不為人痛打？你想：項羽坑降卒二十萬，其心可謂黑到極點了，而我的書上，還說他黑字欠了研究，宜其失敗。呂后私通審食其，劉邦佯為不知。後人詩曰：「果然公大度，容得辟陽侯。」面皮厚到這樣，而於厚字還是欠研究，韓信求封齊王時，若非有人從旁指點，幾乎失敗。厚黑學有這樣的精深，僅僅聽見這個名詞，就去實行，我可以說越厚黑越失敗。

人問：「要如何才不失敗？」我說：「你須先把厚黑史觀、厚黑哲理與夫厚黑哲理之應用徹底了解，出而應事，才可免於失敗。兵法：『先立於不敗之地。』又曰：『先為不可勝，以待敵之可勝。』[1]厚黑學亦如是而已。」

孫子曰：「戰勢不過奇正，奇正之變，不可勝窮也。」[2]處世不外厚黑，厚黑之變，不可勝窮也。用兵是奇中有正，正中有奇，奇正相生，如循環之無端。處世是厚中有黑，黑中有厚，厚黑相生，如循環之無端。厚黑學與《孫子》十三篇，二而一，一而二。不知兵而用兵，必至兵敗國亡。不懂厚黑哲理，而就實行厚黑，必至家破身亡。聞者曰：「你這門學問太精深了，還有簡單法子莫有？」我答曰：「有。我定有兩條公例，你照著實行，不須研究厚黑史觀和厚黑哲理，也就可以為英雄、為聖賢。如欲得厚黑博士的頭銜，仍非把我所有作品窮年累月的研究不可。」

就人格言之，我們可下一公例曰：「用厚黑以圖謀一己之私利，越厚黑，人格越卑汙；用厚黑以圖謀眾人之公利，越厚黑，人格越高尚。」就成敗言之，我們可下一公例曰：「用厚黑以圖謀一己私利，越厚黑越失敗；用厚黑以圖謀眾人之公利，越厚黑越成功。」何以故呢？凡人皆以我為本位，為我之心，根於天性。用厚黑以圖謀一

1 源自《孫子兵法》，意指總是首先創造自己不可戰勝的條件，並等待可以戰勝敵人的機會。

2 源自《孫子兵法》，意指戰爭中軍事實力的運用不過「奇」、「正」兩種，而這兩種組合變化，永遠無窮無盡。

己之私利，勢必妨害他人之私利，越厚黑則妨害於人者越多，以一人之身，敵千萬人之身，焉得不失敗？人人既以私利為重，我用厚黑以圖謀公利，即是替千萬人圖謀私利，替他行使厚黑，當然得千萬人之贊助，當然成功。我是眾人中之一分子，眾人得利，我當然得利，不言私利而私利自在其中。例如曾、胡二人，用厚黑以圖謀國家之公利，其心中無絲毫私利之見存，後來功成了，享大名，膺厚賞，難道私人所得的利還小嗎？所以用厚黑以圖謀國家之利，成功固得重報，失敗亦享大名，無奈目光如豆者見不及此。從道德方面說，攘奪他人之私利，以為我有，是為盜竊行為，故越厚黑人格越卑汙。用厚黑以圖謀眾人之公利，則是犧牲我的臉、犧牲我的心，以救濟世人。視人之饑，猶己之饑；視人之溺，猶己之溺，即所謂「我不入地獄，誰入地獄？」故越厚黑人格越高尚。

人問：「世間有許多人，用厚黑以圖謀私利，居然成功，是何道理？」我說：「這即所謂『時無英雄，遂使豎子成名耳。』」[1]與他相敵的人，不外兩種：一種是圖謀公利而不懂厚黑技術的人；一種是圖謀私利而厚黑之技術不如他的人，故他能取勝。萬一遇著一個圖謀公利之人，厚黑之技術與他相等，則必敗無疑。語云：「千夫所指，無病而死。」[2]因為妨害了千萬人之私利，這千萬人中只要有一個覷著他的破綻，就要乘虛打他。例如《史記》項王謂漢王曰：「天下洶洶數歲者，徒以吾兩人耳。」其時的百姓，個個都希望他兩人中死去一個，所以項王迷失道，問於田父，田父紿曰左，左乃陷大澤中，致被漢兵追及而死。[3]如果是救民水火之兵，田父方保持之不暇，何至會紿他呢？我們提倡厚黑救國，這是用厚黑以保衛四萬萬人之私利，當然得四萬萬人之贊助，當然成功。

昔人云「文章報國」。文章非我所知，我所知者，厚黑而已。自今以往，請以厚黑報國。《厚黑經》曰：「我非厚黑之道，不敢陳於國人之前，故眾人莫如我愛國也。」叫我不講厚黑，等於叫孔孟不講仁義，試問：能乎不能？我自問：生平有功於世道人心者，全在發明厚黑學，抱此絕學而不公之於世，是為懷寶迷邦，豈非不仁之甚乎！李宗吾曰：「鄙人聖之厚黑者也。夫天未欲中國復興也，如欲中國復興，當今

1　時代無英雄，使無名之輩成了豪傑。指無能者僥倖得以成名。
2　意思是被眾人所指責將沒什麼好下場。
3　項王到達陰陵迷路，便問一個農夫，農夫騙他說：「向左邊走。」項王帶人向左，陷進了大沼澤地中。因此，漢兵追上了他們。紿，騙的意思。

之世，舍我其誰？吾何為不講厚黑哉？」

昔人詩云：「鋤禾日當午，汗滴禾下土。誰知盤中餐，粒粒皆辛苦。」眾人都說飯好吃，哪個知道種田人的艱難？眾人都說厚黑學適用，哪個知道發明人的艱難？我那部《厚黑學》，可說字字皆辛苦。

我這門學問，將來一定要成為專科，或許還要設專門大學來研究。我打算把發明之經過和我同研究的人寫出來，後人如仿宋元學案、明儒學案，做一部厚黑學案，才尋得出材料，抑或與我建厚黑廟，才有配享人物。

舊友黃敬臨，在成都街上遇著我，說道：「多年不見了，聽說你要建厚黑廟，我是十多年以前就拜了門的，請把我寫一段上去，將來也好配享。」我說：「不必再寫，你看《論語》上的林放，見著孔子，只問了『禮之本』三個字，直到而今，還高坐孔廟中吃冷豬肉。你既有志斯道，即此一度談話，已足配享而有餘。」敬臨又說：「我今年已經六十二歲了，因為欽佩你的學問，不惜拜在門下。」我說：「難道我的歲數比你小，就夠不上與你當先生嗎？我把你收列門墻，就是你莫大之幸，將來在你的自撰年譜上，寫一筆『吾師李宗吾先生』，也就比『前清誥封某某大夫』，光榮多了。」

往年同縣羅伯康致我信說道：「許多人說你講厚黑學，我逢人辯白，說你不厚不黑。」我覆信道：「我發明厚黑學，私淑弟子遍天下，我曰『厚黑先生』，與我書者以作上款，我覆書以作下款，自覺此等稱謂，較之文成公、文正公光榮多矣。俯仰千古，常以自豪。不謂足下乃逢人說我不厚不黑，我果何處開罪足下，而足下乃以此報我耶？嗚呼伯康，相知有年，何竟自甘原壤，尚其留意尊脛，免遭尼山之杖！」[1]近日許多人勸我不必再講厚黑學。嗟乎！滔滔天下，何原壤之多也！

從前發表的《厚黑傳習錄》，是記載我與眾人的談話，此次的叢話，是把傳習錄擴大之。我從前各種文字，許多人都未看過，今把他全行拆散來，與現在的新感想混合寫之。此次的叢話，是隨筆體裁，內容包含五種：⑴厚黑史觀；⑵厚黑哲理；⑶厚黑學之應用；⑷厚黑學辯證法；⑸厚黑學發明史。我只隨意寫去，不過未分門類罷了。

人問：「既是如此，你何不分類寫之，何必這樣雜亂無章的寫？我說：著書的體

1 源自《論語》，表示為什麼要自願做像原壤那樣的人，還是注意點您的小腿，免得被孔子的手杖打！原壤是孔子的老相識。

裁分兩種，一是教科書體，一是語錄體。凡一種專門學問發生，最初是語錄體，如孔子之《論語》、《釋迦之佛經》、《六祖之壇經》、《朱明諸儒之語錄》，都是門人就本師口中所說者筆記下來。老子手著之《道德經》，可說是自寫的語錄。後人研究他們的學問，才整理出來，分出門類，成為教科書方式。厚黑學是新發明的專門學問，當然用語錄體寫出。

宋儒自稱：「滿腔子是惻隱。」而我則：「滿腔子是厚黑。」要我講，不知從何處講起，只好隨緣說法，想說什麼，就說什麼，口中如何說，筆下就如何寫。或談古事，或談時局，或談學術，或追述生平瑣事，高興時就寫，不高興就不寫。或長長地寫一篇，或短短地寫幾句，或概括地說，或具體地說，總是隨其興之所至，不受任何拘束，才能把我整個思想寫得出來。

我們用厚黑史觀去看社會，社會就成為透明體，既把社會真相看出，就可想出改良社會的辦法。我對於經濟、政治、外交與夫學制等等，都有一種主張，而此種主張，皆基於我所謂厚黑哲理。我這個叢話，可說是拉雜極了，彷彿是一個大山，滿山的昆蟲鳥獸、草木土石等等，是極不規則的。惟其不規則，才是天然的狀態。如果把他整理得釐然秩序，極有規則，就成為公園的形式，好固然是好，然而參加了人工，非復此山的本來面目。我把我胸中的見解，好好歹歹，和盤托出，使山的全體表現，有志斯道者，加以整理，不足者補充之，冗蕪者刪削之，錯誤者改正之。開闢成公園也好，在山上採取木石，另建一個房子也好，抑或捉幾個雀兒，採些花草，拿回家中賞玩也好，如能大規模的開採礦物則更好。再不然，在山上挖點藥去醫病，撿點牛犬糞去肥田，也未嘗不好。我發明厚黑學，猶如瓦特發明蒸汽，後人拿去紡紗織布也好，行駛輪船、火車也好，開辦任何工業都好。我講的厚黑哲理，無施不可，深者見深，淺者見淺。有能得我之一體，引而伸之，就可獨成一派。孔教分許多派，佛教分許多派，將來我這厚黑教，也要分許多派。

寫文字，全是興趣，興趣來了，如兔起鶻落，稍縱即逝。我寫文字的時候，引用某事或某種學說，而案頭適無此書，就用蘇東城「想當然耳」的辦法，依稀恍惚的寫去，以免打斷興趣。寫此類文字與講考據不同，乃是心中有一種見解，平空白地，無從說起，只好借點事物來說，引用某事某說，猶如使用傢伙一般，把別人的偶爾借來用用，若無典故可用，就杜撰一個來用，也無不可。

莊子寓言，是他胸中有一種見解，特借《鯤鵬》、《野馬》、《漁父》、《盜跖》以寫之，只求將胸中所見達出。至鯤鵬野馬，果否有此物，漁父盜跖，是否有此人，皆非所問。胸中所見者，主人也。鯤鵬野馬，漁父盜跖，皆寓舍也。孟子曰：「說詩者不以文害辭，不以辭害意，以意逆志，是為得之。」[1]讀詩當如是，讀莊子當如是，讀厚黑學也當如是。

昔人謂：「文王周公，繫易、彖辭爻辭，取其象，亦偶觸其機，假令易，而為之，其機之所觸少變，則其辭之取象亦少異矣。」[2]達哉所言！戰國策士，如蘇秦諸人，平日把人情世故揣摹純熟，其遊說人主也，隨便引一故事或設一個比喻，機趣橫生，頭頭是道，其途徑與莊之寓言、易之取象無異。宋儒初讀儒書，繼則出入佛老，精研有得，自己的思想已經成了一個系統，然後退而註孔子之書，借以明其胸中之理，於是孔門諸書，皆成為宋儒之鯤鵬野馬、漁父盜跖。而清代考據家，乃據訓詁本義，字字譏彈之，其解釋字義固是，而宋儒所說之道理，也未嘗不是。九方皋相馬，在牝牡驪黃之外[3]。知此義者，始可以讀朱子之《四書集註》。無如毛西河[4]諸人不悟，刺刺不休。嗟乎！厚黑界中，九方皋何其少，而毛西河諸人何其多也！

研究宋學者，離不得宋儒語錄。然語錄出自門人所記，有許多靠不住，前人已言之。明朝王學，號稱極盛，然陽明手著之書無多，欲求王氏之學，只有求之《傳習錄》及龍溪諸子所記，而天泉證道[5]一夕話，為王門極大爭點。我嘗說「四有四無」

之語，假使陽明能夠親手寫出，豈不少去許多糾葛。大學「格物致知」四字，解釋者有幾十種說法。假使曾子當日記孔子之言，於此四字下加一二句解釋，不但這幾十種說法不會有，而且朱學與王學爭執也無自而起。我在重慶有個姓王的朋友，對我說道：「你先生談話很有妙趣，我改天邀幾個朋友來談談，把你的談話筆記下來。」我

1 解說詩的人，不能局限於文字本身而忽視優美的辭藻，不能止步於優美的辭藻而忽視了詩人之志。

2 周文王多次卜算，根據算出的結果，得到表面的表象，也偶然得到萬物變化的緣由。假設讓他卜算的動作有所改變，再來看看象，他所觸動的玩物變化緣由有了少許改變，那麼透過算出的結果所得到的表象也就有許不同。

3 春秋時，有一位著名的相馬家，名叫九方皋。有一回，秦穆公請他去找千里馬。三個月後，九方皋果然尋得一匹千里馬。穆公問那千里馬的雌雄、形狀和毛色。九方皋隨口回答說：「牝而黃。」（牝：雌性）。結果馬兒牽到穆公面前時，一看卻是「牡而驪」（牡：雄性；驪：純黑色）。穆公當下很不高興，但一試之下，卻發現那匹黑的公馬四蹄馳如飛，快似流星，果然是一匹難得的駿馬。當時，另一位相馬專家伯樂，向來就對九方皋十分欽佩。當他聽說這件事之後，不覺感嘆地說：「九方皋相馬，只著重馬內在的精神和真實的本領，對於馬的外表和性別，他一向都不大注意的。因為他是求駿馬於『牝牡驪黃』之外的啊！」

4 毛奇齡，號西河，明末清初經學家、文學家。

5 參見p209頁註5。

聽了，大駭，這樣一來，豈不成了宋明諸儒的語錄嗎！萬一我門下出了一個曾子，模仿大學那種筆法，簡簡單單的寫出，將來厚黑學案中，豈不又要發生許多爭執嗎？於是我趕急仿照我家「聃大公」的辦法，手寫語錄，名曰《厚黑叢話》，謝絕私人談話，以示大道無私之意。將來如有人說「我親聞厚黑教主如何說」，你們萬不可聽信。經我這樣的聲明，絕不會再有天泉證道這種疑案了。我每談一理，總是反反覆覆的解說，寧肯重複，不肯簡略，後人再不會像「格物致知」四字，生出許多奇異的解釋。鄙人之於厚黑學也，可謂盡心焉耳矣。噫！一衣一缽，傳之者誰乎！

卷二

有人問道：「你這叢話，你說內容包含厚黑史觀、厚黑哲理、厚黑學之應用、厚黑學辯證法及厚黑學發明史，共五部分，你不把他分類寫出，則研究這門學問的人，豈不目迷五色嗎？豈不是故意使他們多費些精神嗎？」我說：「要想研究這種專門學問，當然要用心專研，中國的十三經和二十四史，泛泛讀去，豈不是目迷五色，紛亂無章嗎？而真正之學者，就從這紛亂無章之中尋出頭緒來。如果憚於用心，就不必操這門學問。」我只揭出原則和大綱，有志斯道者，第一步加以闡發，第二步加以編纂，使之成為教科書，此道就大行了。所以分門別類，挨一挨二地講，乃是及門弟子和私淑弟子的任務，不是我的任務。

我從前刊了一本《宗吾臆談》。內面的篇目：⑴厚黑學；⑵我對於聖人之懷疑；⑶心理與力學；⑷解決社會問題之我見；⑸考試制之商榷。後來我把〈解決社會問題之我見〉擴大成為一單行本，曰《社會問題之商榷》，這是業已付了印的。近來我又做有一本《中國學術之趨勢》，已脫稿，尚未發布。作品中，在我的思想上是一個系統，是建築在厚黑哲理上，但每篇文字獨立寫去，看不出連貫性。因把他拆散來，在叢話中混合寫去，一則見得各種說法互相發明，二則談心理、談學術是很沉悶的，我把他夾在厚黑學中，正論諧語錯雜而出，閱者才不至枯燥無味。

我心中有種種見解，不知究竟對與不對，特寫出來，請閱者指駁，指駁越嚴，我越是歡迎。我重在解釋我心中的疑團，並不是想獨創異說。諸君有指駁的文字，就在報上發表，我總是細細的研究，認為指駁得對的，自己修改了即是，認為不對，我也不回辯，免至成為打筆墨官司，有失研究學問的態度。我是主張思想獨立的人，我的心坎上，絕不受任何人的壓抑，同時我也尊重他人思想之獨立，所以駁詰我的文字，不能回辯。我倡的厚黑史觀和厚黑哲理，倘被人推翻，我就把這厚黑教主讓他充當，拜在他門下稱弟子。何以故？服從真理故。

宇宙真理，明明的擺在我們面前，我們自己可以直接去研究，無須請人替我研究。古今的哲學家，乃是我和真理中間的介紹人，他們所介紹的有無錯誤，不可得知，應該離開了他們的說法，直接去研究一番。有個朋友，讀了我所作的文字，說道：「這些問題，東西洋哲學家討論的很多，未見你引用，並且學術上的專有名詞你也少用，可見你平時對於這些學說少有研究。」我聽了這個話，反把我所作的文字翻出來，凡引有哲學家的名字及學術上的專有名詞，儘量刪去，如果名詞不夠用，就自己造一個來用，直抒胸臆，一空依傍[1]。偶爾引有古今人的學說，乃是用我的斗秤去衡量他的學說，不是以他的斗秤來衡量我的學說。換言之，乃是我去審判古今哲學家，不是古今哲學家來審判我。

中國從前的讀書人，一開口即是詩云、書云、孔子曰、孟子曰。戊戌政變以後，一開口即是達爾文曰、盧梭曰，後來又添些杜威曰、孟子曰、馬克思曰，純是以他人的思想為思想。究竟宇宙真理是怎樣，自己也不伸頭去窺一下，未免過於懶惰了！假

1 指在藝術、學術等方面獨創而全不模仿。

如駁我的人，引了一句孔子曰，即是以孔子為審判官，以四書五經為新刑律，叫李宗吾來案候審。引了一句達爾文諸人曰，即是以達爾文諸人為審判官，以他們的作品為新刑律，叫李宗吾來案候審。像這樣的審判，我是絕對不到案的。有人問：「要誰人才能審判你呢？」我說：「你就可以審判我，以你自家的心為審判官，以眼前的事實為新刑律。」例如說道：「李宗吾，據你這樣說，何以我昨日看見一個人做的事不是這樣，今日看見一隻狗，也不是這樣？可見你說的道理不確實。如果能夠這樣的判斷，我任是輸到何種地步，都要與你立一個鐵面無私的德政碑。

牛頓和愛因斯坦的學說，任人懷疑，任人攻擊，未嘗強人信從，結果反無人不信從。註《太上感應篇》的人說道：「有人不信此書，必受種種惡報。」關聖帝君的《覺世真經》說道：「不信吾教，請試吾刀。」這是由於這兩部書所含學理經不得研究，無可奈何，才出於威嚇之一途。我在厚黑界的位置，等於科學界的牛頓和愛因斯坦，假如不許人懷疑，不許人攻擊，即無異於說：我發明的厚黑學，等於太上老君《感應篇》和關聖帝君的《覺世真經》。豈不是我自己詆毀自己嗎？

有人說：假如人人思想獨立，各創一種學說，思想界豈不成紛亂狀態嗎？我說：這是不會有的。世間的真理，只有一個，如果有兩種或數種學說互相違反，你也不必抑制哪一種，只叫他徹底研究下去，自然會把真理發見出來。真理所在，任何人都不能反對的。例如穿衣吃飯的事，叫人人獨立的研究，得的結果，都是餓了要吃，冷了要穿，同歸一致。凡所謂衝突者，都是互相抑制生出來的。假如各種學說，個個獨立，猶如林中樹子，根根獨立，有何衝突？樹子生在林中，採用與否，聽憑匠師。我把我的說法宣布出來，採用與否，聽憑眾人，哪有閒心同人打筆墨官司。如果務必要強天下之人盡從己說，真可謂自取煩惱，而衝突於是乎起矣。程伊川、蘇東坡見不及此，以致洛蜀分黨[1]，把宋朝的政局鬧得稀爛。朱元晦[2]、陸象山風不及此，以致朱陸分派，一部宋元學案、明儒學案，打不完的筆墨官司。而我則不然，讀者要學厚黑學，我自然不吝教，如其反對我，則是甘於自誤，我也只好付之一嘆。

拙著《宗君臆談》，流傳至北平，去歲有人把《厚黑學》抽出翻印，向舍侄徵求同意，並說道：「你家伯父，是八股出身，而今凡事都該歐化，他老人家那套筆

1 宋哲宗元祐年間守舊派朝臣分洛、蜀、朔三黨，三黨皆反對王安石新法，以蘇軾為首的蜀黨與洛黨之程顥、程頤交惡，兩黨互相攻擊，勢如水火，直至北宋亡。

2 此指朱熹，其主張「道問學」，支持人民讀《四書》明理。

墨，實在來不倒。等我們與他改過，意思不變更他的，只改為新式筆法就是了。」我聞之，立發航信說道：孔子手著的《春秋》，旁人可改一字嗎？他們只知我筆墨像八股，殊不知我那部《厚黑學》，思想之途徑，內容之組織，完全是八股的方式，特非老於八股者，看不出來。宋朝一代講理學，出了文天祥、陸秀夫[1]諸人來結局，一般人都說可為理學生色。明清兩代以八股取士，出了一個厚黑教主來結局，可為八股生色。我的厚黑哲理，完全從八股中出來，算是真正的國粹。我還希望保存國粹的先生，由厚黑學而上溯八股，僅僅筆墨上帶點八股氣，你們都容不過嗎？要翻印，就照原文一字不改，否則不必翻印。哪知後來書印出來，還是與我改了些。特此聲明，北平出版的《厚黑學》是贋本，以免貽誤後學。

大凡有一種專門學問，就有一種專門文體，所以《論語》之文體與《春秋》不同；《老子》之文體與《論語》不同；佛經之文體與《老子》又不同。在心為思想，在紙為文字，專門學問之發明者，其思想與人不同，故其文字也與人不同。厚黑學是專門學問，當然另有一種文體。聞者說道：「李宗吾不要自誇，你那種文字，任何人都寫得出來。」我說：「不錯，不錯，這是由於我的厚黑學，任何人都做得來的緣故。」

我寫文字，定下三個要件：見得到，寫得出，看得懂。只求合得到這三個要件就夠了。我執筆時，只把我胸中的意見寫出，不知有文法，更不知有文言白話之分，之字的字，乎字嗎字，任便用之。民國十六年刊的《宗吾臆談》等文章，都是這樣。有人問我：「是什麼文體？」我說：「是厚黑式文體。」近見許多名人的文字都帶點厚黑式，意者中國其將興乎！

有人說：「我替你把《厚黑學》譯為西洋文，你可把曹操、劉備這些典故改為西洋典故，外國人才看得懂。」我說：「我的厚黑學，絕不能譯為西洋文，也不能改為西洋典故。西洋人要學這門學問，非來讀一下中國書，研究一下中國歷史不可，等於我們要學西洋科學，非學英文德文不可。

北平贋本《厚黑學》，有幾處把我的八股式筆調改為歐化式筆調，倒也無關緊要，只是有兩點把原文精神失掉，不得不聲明：(1)我發明厚黑學，是把中外古今的事逐一印證過，覺得道理不錯了，才就人人所知的曹操、劉備、孫權幾個人，舉以為

1　文天祥、陸秀夫和張世傑並稱為「宋末三傑」。

例。又追溯上去，再舉劉邦、項羽為例，意在使讀者舉一反三，根據三國和楚漢兩代的原則，以貫通一部二十四史。原文有曰：「楚漢之際，有一人焉，黑而不厚，卒歸於敗者，韓信是也。楚漢之際，有一人焉，黑而不厚，亦歸於敗者，範增是也。」這原是就楚漢人物，當下指點，更覺親切。北平贗本，把這幾句刪去，徑說韓信以不黑失敗，範增以不厚失敗。諸君試想：一部二十四史中的人物，以不厚不黑失敗者，豈少也哉！鄙人何至獨舉韓範二人。北平贗本，未免把我的本意失掉了。(2)〈厚黑傳習錄〉中，求官六字真言，先總寫一筆曰：空、貢、衝、捧、恐、送，註明此六字俱是仄聲。做官六字真言，總寫一筆曰：空、恭、繃、兇、聾、弄，註明此六字俱是平聲，以下逐字分疏。每六字俱是疊韻，念起來音韻鏗鏘，原欲宦場中人朝夕持誦，用以替代佛書上「唵嘛呢叭咪吽」六字，或「南無阿彌陀佛」六字。倘能虔誠持誦，立可到極樂世界，不比持誦經咒或佛號，尚須待諸來世。這原是我一種救世苦心。北平贗本把總寫之筆刪去，徑從逐字分疏說起來，則讀者只知逐字埋頭工作，不能把六字作咒語或佛號虔誠諷誦，收效必鮮。此則北平贗本不能不負咎者也。

近有許多人，請我把《厚黑學》重行翻印，我說這也無須。所有民元發表的厚黑學，我把它融化於此次叢話中，遇有重要的地方，就把原文整段寫出，讀者只讀叢話就是了，不必再讀原本。至於北平贋本，經我這樣的聲明，也可當真本使用，諸君前往購買，也不會貽誤。

厚黑學，共分三步工夫。第一步：厚如城墻，黑如煤炭。人的面皮，最初薄如紙一般，我們把紙疊起來，由分而寸，而尺，而丈，就厚如城墻了。心子最初作乳白狀，由乳色而灰色，而青藍色，再進就黑如煤炭了。到了這個境界，只能算初步。何以故呢？城墻雖厚，轟炸得破，即使城墻之外再築幾十層城墻，仍還轟炸得破，仍為初步。煤炭雖黑，但顏色討厭，眾人不敢挨近他，即使煤炭之上再灌以幾壚缸墨水，眾人仍不敢挨近他，仍為初步。

第二步：厚而硬，黑而亮。深於厚學的人，任你如何攻打，絲毫不能動。劉備就是這樣人，雖以曹操之絕世奸雄，都把他莫奈何，真可謂硬之極了。深於黑學的人，如退光漆招牌，越是黑，買主越是多，曹操就是這類人。他是著名的黑心子，然而天下豪傑，奔集其門，真可謂黑得透亮了。人能造到第二步，較之第一步，自然有天淵之別。但還著了跡象，有形有色，所以曹劉的本事，我們一著眼就看得出來。

第三步：厚而無形，黑而無色。至厚至黑，天下後世皆以為不厚不黑，此種人只好於古之大聖大賢中求之。有人問：你講厚黑學，何必講得這樣精深？我說：這門學問，本來有這樣精深。儒家的中庸，要講到「無聲無臭」才能終止。學佛的人，要到「菩提無樹，明鏡非臺」，才能證果。何況厚黑學是千古不傳之祕，當然要到「無形無色」才算止境。

吾道分上中下三乘。前面所說，第一步是下乘，第二步是中乘，第三步是上乘。我隨緣說法，時而說下乘，時而說中乘、上乘，時而三乘會通來說。聽者往往覺得我的話互相矛盾，其實始終是一貫的，只要知道吾道分上中下三乘，自然就不矛盾了。我講厚黑學，雖是五花八門，東拉西扯，仍滴滴歸源，猶如樹上千枝萬葉，千花百果，俱是從一株樹上生出來的，枝葉花果之外，別有樹之生命在。《金剛經》曰：「若以色見我，若以聲音求我，是人行邪道，不能見如來。」[1]諸君如想學厚黑學，須在佛門中參悟有得，再來聽講。

我民國元年發表《厚黑學》，勤勤懇懇，言之不厭其詳，乃領悟者殊少。後閱《五燈會元》[2]及論、孟等書，見禪宗教人以說破為大戒；孔子「舉一隅，不以三隅反，則不復也」[3]；孟子「引而不發，躍如也」[4]；然後知禪學及孔孟之說盛行良非無因。我自悔教授法錯誤，故十六年刊《宗吾臆談》，厚黑學僅略載大意，出言彌簡，屬望彌殷。噫！「無上甚深微妙法，百千萬劫難遭遇。」世尊說法四十九年，厚黑學是內聖外王之學，我已說二十四年，打算再說二十六年，湊足五十年，比世尊多說一年。

有人勸我道：「你的怪話少說些，外面許多人指責你，你也應該愛惜名譽。」我道：「我有一自警之語：『吾愛名譽，吾尤愛真理。』」話之說得說不得，我內斷於心，未下筆之先，遲迴審慎，既著於紙，聽人攻擊，我不答辯。但攻擊者說的話。我仍細細體會，如能令我心折，即自行修正。

有個姓羅的朋友，留學日本歸來，光緒三十四年（西元一九〇八年），與我同在富順中學堂當教習。民國元年，他從懋功知事任上回來，我在成都學道街棧房內會著他，他把任上的政績告訴我，頗為得意。後來被某事詿誤[5]，官失掉了，案子還未了結，言下又甚憤恨。隨談及厚黑學，我細細告訴他，他聽得津津有味。我見他聽入了

1 只是看到了如來的色相，求他而不學習、不去修養，永遠見不到如來的果證。
2 中國佛教禪宗的一部史書。
3 以一個方形為例，給他一個角卻不能推敲出其他三個角，我就不再教他。
4 原指教射箭的人，張滿了弓卻不發箭，只作躍躍欲射的樣子，以便學的人觀摩領悟。
5 詿，音同掛，誤的意思。詿誤意指因受蒙蔽而犯了過失。

神，猝然站起來，把桌子一拍，厲聲說道：「羅某！你生平作事，有成有敗，究竟你成功的原因，在什麼地方？失敗的原因，在什麼地方？你摸著良心說，究竟離脫這二字沒有？速說！速說！不許遲疑！」他聽了我的話，如雷貫耳，呆了許久，嘆口氣說道：「真是沒有離脫這二字！」此君在吾門，可稱頓悟。

我告訴讀者一個祕訣，大凡行使厚黑學，外面定要糊一層仁義道德，不能赤裸裸的顯露出來。王莽之失敗，就是由於後來把它顯露出來的原故。如果終身不露，恐怕至今孔廟中，還有王莽一席地。韓非子說：陰用其言而顯棄其身。這個法子，諸君不可不知。假如有人問你：「認得李宗吾否？」你須放出一種很莊嚴的面孔說道：「這個人壞極了，他是講厚黑學的，我認他不得。」口雖如此說，心中卻供一個大成至聖先師李宗吾之神位。果能這樣做，包管你生前的事業驚天動地，死後還要在孔廟中吃冷豬肉。我每聽見有人說道：「李宗吾壞極了！」我就非常高興道：「吾道大行矣！」

還有一層，前面說「厚黑上面，要糊一層仁義道德」，這是指遇著道學先生而言，假如遇著講性學的朋友，你向他講仁義道德，豈非自討莫趣？此時應當糊上「戀愛神聖」四字。若遇著講馬克思的朋友，就糊上「階級鬥爭，勞工專政」八字，難道他不喊你是同志嗎？總之，厚黑二字是萬變不離其宗，至於表面上應該糊以什麼，則在學者因時因地，神而明之。

《宗吾臆談》中，載有求官六字真言，做官六字真言及辦事二妙法，許多人問我是怎樣的，茲把原文照錄於下：

我把厚黑學發布出來，有人向我說：「你這門學問，博大精深，我們讀了，不能受用，請你指示點切要門徑。」我問：「你的意思打算做什麼？」他說：「我想做官。」我於是傳他求官六字真言：空、貢、衝、捧、恐、送。此六字俱是仄聲，其意義如下：

1. 空

即空閒之意，分兩種：(1)指事務而言，求官的人，定要把諸事放下，不工，不商，不農，不賈，書也不讀，學也不教，跑在成都住起，一心一意，專門求官；(2)指時間而言，求官要有耐心，著不得急，今日不生效，明日又來，今年不生效，明年又來。

2. 貢

這個字是借用的，是我們川省的方言，其意義等於鑽營之鑽，鑽進鑽出，可說貢進貢出。求官要鑽門子，這是眾人都知道的，但定義很不好下。有人說：貢字的定義，是有孔必鑽。我說：「錯了，錯了！」你只說對一半，有孔才鑽，無孔者其奈之何！我下的定義是：「有孔必鑽，無孔也要入。」有孔者擴而大之，無孔者取出鑽子，新開一眼。

3. **衝**

普通所說的吹牛，川省說是「衝帽殼子」。衝分為二，一口頭上，二文字上。每門又分為二，口頭上分普通場所及在上峰面前兩種，文字上分報章雜誌上及投遞條陳說帖兩種。

4. **捧**

即是捧場面那個捧字。戲臺上魏公出來，那華歆的舉動，是絕好的模範。

5. **恐**

是恐嚇之意，是他動詞。這個理很精深，我不妨多講幾句。官之為物，何等寶貴，豈能輕易給人？有人把捧字做到十二萬分，還不生效，就是少了恐字工夫。其方法是把當局的人要害尋出，輕輕點他一下，他就會惶然大駭，立把官兒送出來。學者須知：恐字與捧字，是互相為用的。善恐者捧之中有恐，旁觀的人，見他在上峰面前，說的話句句是阿諛逢迎，其實上峰聽之，汗流浹背。善捧者恐之中有捧，旁觀的人見他豐骨棱棱，句句話責備上峰，其實聽之者滿心歡喜，骨節皆酥。「神而明之，存乎其人」、「大匠能與人規矩，不能使人巧」，是在求官者之細心體會。最要緊的，用恐字時，要有分寸，如用過度，大人先生老羞成怒，與我作起對來，豈不與求官之宗旨大背？這又何苦乃爾？非到無可奈何時，恐字不可輕用。切囑！切囑！

6. 送

即是送東西，分大小二種：一大送，把銀元一包一包的拿出來送；二小送，如送春茶、火肘及請上館子之類。所送之人有二：一操用舍之權者，二未操用舍之權而能予我以助力者。

有人能把六字一一做到，包管字字發生奇效。那大人先生，獨居深念，自言自語道：某人想做官，已經說了許久（空字之效），他與我有某種關係（貢字之效），其人很有點才具（衝字之效），對於我也很好（捧字之效），但此人有壞才，如不安置，未必不搗亂（恐字之效）。想至此處，回顧室中，黑壓壓的或白亮亮的，擺了一大堆（送字之效），也就無話可說，掛出牌來，某缺著某人署理。求官至此，功行圓滿，於是能走馬上任，實行做官六字真言。

做官六字真言：空、恭、繃、兇、聾、弄。此六字俱是平聲，其意義如下：

1. 空

即空洞的意思，分二種。一，文字上：凡批呈詞，出文告，都是空空洞洞的，其中奧妙，我難細說，讀者請往各官廳，把壁上的文字從東轅門讀到西轅門，就可恍然大悟。二，辦事上，任辦任事，都是活搖活動，東倒也可，西倒也可。有時辦得雷厲風行，其實暗中藏得有退路，如果見勢不佳，就從那條路抽身走，絕不會把自己牽掛著，鬧出移交不清及撤任查辦等笑話。

2. 恭

即卑躬折節、脅肩諂笑之類。分直接間接兩種：直接指對上司而言，間接指對上司的親戚朋友、丁役、姨太太等而言。

3. 繃

即俗語所謂繃勁，是恭字的反面字，指對下屬及老百姓而言。分兩種：一，儀表上，赫赫然大人物，凜不可犯。二，言談上：儼然腹有經綸，槃槃大才。上述對上司用恭，對下屬及老百姓用綳，是指普通而言。然亦不可拘定，須認清飯甑子所在地，看操我去留之權者，在乎某處。對飯甑子所在地用恭，非飯甑子所在地用綳。明乎這個理，有時對上司反可用綳，對下屬及老百姓反該用恭。

4. **兇**

只要能達我之目的，就使人賣兒貼婦，亡身滅家，也不必管；但有一層要注意，兇字上面，定要蒙一層仁義道德。

5. **聾**

即耳聾，笑罵由他笑罵，好官我自為之。聾字句有瞎字之意，文字上的詆罵，閉目不視。

6. 弄

即弄錢之弄，川省俗語，往往讀作平聲。千里來龍，此處結穴。前面十一字，都為此字而設。弄字與求官之送字相對，要有送，才有弄。但弄字要注意，看公事上通得過通不過。如果通不過，自己墊點腰包也不妨；如通得過，那就十萬八萬，都不謙虛。

以上十二字，我不過粗舉大綱，許多精義，都未發揮，有志於官者，可按著門類自去研究。

有人問我辦事祕訣，我授以辦事二妙法如下：

1. 鋸箭法

相傳：有人中箭，請外科醫生治療，醫生將箭幹鋸下，即索謝禮。問何不將箭頭取出？答：這是內科的事，你去尋內科好了。現在各官廳，與夫大辦事家，都是用著這種方法。譬如批呈詞云：「據呈某某等情，實屬不合已極，仰候令飭該縣知事，查明嚴辦」等語。「不合已極」四字是鋸箭幹，「該知事」已是內科。抑或云「仰候轉呈上峰核辦」，那「上峰」就是內科。又如有人求我辦一件事。我說：此事我很贊成，但是還要同某人商量。「很讚成」三個字是鋸箭幹，「某人」是內科。又或說：我先把某部分辦了，其餘的以後辦。「先辦」是鋸箭幹，「以後」是內科。此外有只鋸箭幹，並不命尋內科的，也有連箭幹都不鋸，命其徑尋內科的。種種不同，細參自悟。

2. 補鍋法

家中鍋漏，請補鍋匠來補。補鍋匠一面用鐵皮刮鍋底煤煙，一面對主人說道：「請點火來我燒煙。」乘著主人轉背之際，用鐵錘在鍋上輕輕敲幾下，那裂痕就增長了許多。主人轉來，指與他看道：「你這鍋，裂痕很長，上面油膩了，看不見。我把鍋煙刮開，就現出來了，非多補幾個釘子不可。」主人埋頭一看，說道：「不錯！不錯！今天不遇著你，我這鍋恐怕不能用了。」及到補好，主人與補鍋匠皆大歡喜而散。有人曾說：「中國變法，有許多地方是把好肉割壞來醫。這即是用的補鍋法。」《左傳》上鄭莊公縱容共叔段，使他多行不義，才用兵討伐，也是補鍋法。歷史上這類事很多，舉不勝舉。

大凡辦事的人，怕人說他因循，就用補鍋法，無中生有，尋些事辦。及到事情棘手，就用鋸箭法，脫卸過去。後來箭頭潰爛了，反大罵內科壞事。中國的政治，大概前清宦場是用鋸箭法，變法諸公是用補鍋法，民國以來是鋸箭、補鍋二法互用。

上述二妙法，是辦事公例，合得到這公例的就成功，違反這公例的就失敗。中國政治家，推管子為第一，他的本事，就是把這兩個法子用得圓轉自如。狄人伐衛，齊國按兵不動，等到狄人把衛滅了，才出來做「興滅國，繼絕世」的義舉。這是補鍋法。召陵之役，不責楚國僭稱王號，只責他包茅不貢。這是鋸箭法。那個時候，楚國的實力遠在齊國之上，管仲敢於勸齊桓公興兵伐楚，可說是把鍋爛來補。及到楚國露出反抗的態度，他立即鋸箭了事。召陵一役，以補鍋法始，以鋸箭法終。管仲把鍋敲爛了，能把它補起，所以稱為「天下才」。

明季武臣，把流寇圍住了，故意放他出來，本是用的補鍋法；後來制他不住，竟至國破君亡，把鍋敲爛了補不起，所以稱為「誤國庸臣」。岳飛想恢復中原，迎回二帝，他剛剛才起了取箭頭的念頭，就遭殺身之禍。明英宗也先被捉去，于謙把他弄回來，算是把箭頭取出了，仍遭殺身之禍。何以故？違反公例故。

晉朝王導為宰相，有一個叛賊，他不去討伐，陶侃責備他。他復書道：我遵養時晦，以待足下。侃看了這封信，笑道：他無非是遵養時賊罷了。王導遵養時賊，以待陶侃，即是留著箭頭，以待內科。諸名士在新亭流涕，王導變色曰：「當共戮力王室，克復神州，何至作楚囚對泣？」他義形於色，儼然手執鐵錘要去補鍋，其實說兩句漂亮話，就算完事。懷、湣二帝陷在北邊，永世不返，箭頭永未取出。王導此等舉動，略略有點像管仲，所以史上稱他為「江左夷吾」。讀者如能照我說的方法去實行，包管成為管子而後第一個大政治家。

我著的《厚黑經》，說得有：「不曰厚乎，磨而不薄。不曰黑乎，洗而不白。」後來我改為：「不曰厚乎，越磨越厚。不曰黑乎，越洗越黑。」有人問我：世間哪有這種東西？我說：「手足的繭疤，是越磨越厚；沾了泥土塵埃的煤炭，是越洗越黑。」人的心，生來是黑的，遇著講因果的人，講理學的人，拿些仁義道德蒙在上面，才不會黑，假如把他洗去了，黑的本體自然出現。

中國幅員廣大，南北氣候不同，物產不同，因之人民的性質也就不同。於是文化學術，無在不有南北之分。例如：北有孔孟，南有老莊，兩派截然不同。曲分南曲北曲，字分南方之帖、北方之碑，拳術分南北兩派，禪宗亦分南能北秀，等等盡是。厚黑學是一種大學問，當然也要分南北兩派。門人問厚黑，宗吾曰：南方之厚黑歟？北方之厚黑歟？任金革，死而不願[1]，北方之厚黑也，賣國軍人居之；革命以教，不循軌道[2]，南方之厚黑也，投機分子居之。人問：「究竟學南派好，還是學北派好？」我說：「你何糊塗乃爾！當講南派，就講南派，當講北派，就講北派。」口南派而實行北派，是可以的；口北派而實行南派，也是可以的，純是相時而動，豈能把南北成見橫亙胸中。民國以來的人物，有由南而北的，有由北而南的，又復南而北，北而南，往返來回，已不知若干次，獨你還徘徊歧路，向人問南派好呢？北派好呢？我實在無從答覆。

有人問我道：「你既自稱厚黑教主，何以你做事每每失敗？何以你的學生本事比你大，你每每吃他的虧？」我說：「你這話差了。凡是發明家，都不可登峰造極。儒教是孔子發明的，孔子登峰造極了，顏曾思孟去學孔子，他們的學問，就經孔子低一層；周程朱張去學顏曾思孟，學問又低一層；後來學周程朱張的又低一層，一輩不如一輩。老子發明道教，釋迦發明佛教，其現象也是這樣，這是由於發明家本事太大了的原故。惟西洋科學則不然，發明的時候很粗淺，越研究越精深。發明蒸汽的人，只悟得汽沖壺蓋之理，發明電氣的人，只悟得死蛙運動之理。後人繼續研究下去，造出種種機械，有種種用途，為發明蒸汽電氣的人所萬不及料。可見西洋科學，是後人勝過前人，學生勝過先生。我的厚黑學，與西洋科學相類，只能講點汽沖壺蓋、死蛙運動，中間許多道理，還望後人研究。我的本事，當然比學生小，遇著他們，當然失敗。將來他們傳授些學生出來，他們自己又被學生打敗，一輩勝過一輩，厚黑學自然就昌明了。」

1 原句「任金革死而不厭，北方之強也」，語出《中庸》，說北方人強壯，願保衛國家，穿起甲、枕著戈睡覺，死也不怕。李宗吾改為「任金革，死而不願」諷刺北方賣國軍人，死也不願穿甲枕戈保衛國家。

2 出自《中庸》「寬柔以教，不報無道，南方之強也」，以寬大柔和、容忍的雅量來教導別人，不報復那些不講道理、欺侮我們的人，這就是南方人的強處。李宗吾改為「革命以教，不循軌道」諷刺投機分子講革命，不按規則辦事。

又有人問我道：你既發明厚黑學，為什麼未見你做些轟轟烈烈的事？我說道：你們的孔夫子，為什麼未見他做些轟轟烈烈的事？他講的為政為邦，道千乘之國，究竟實行了幾件？曾子著一部《大學》，專講治國平天下，請問他治的國在哪裡？平的天下在哪裡？子思著一部《中庸》，說了些中和位育的話，請問他中和位育的實際安在？你去把他們問明了，再來同我講。

世間許多學問我不講，偏要講厚黑學，許多人都很詫異。我可把原委說明：我本來是孔子信徒，小的時候，父親與我命的名，我嫌它不好，見《禮記》上孔子說：「儒有今人與居，古人與稽，今世行之，後世以為楷。」[1]就自己改名世楷，字宗儒，表示信從孔子之意。光緒癸卯年（西元一九〇三年）冬，四川高等學堂開堂，我從自流井赴成都，與友人雷譬皆同路，每日步行百里，途中無事，縱談時局，並尋些經史來討論。皆有他的感想，就改字鐵崖。我覺得儒教不能滿我之意，心想與其宗孔子，不如宗我自己，因改字宗吾。這宗吾二字，是我思想獨立之旗幟。今年歲在乙亥（西元一九三五年），不覺已整整的三十二年了。自從改字宗吾後，讀一切經史，覺得破綻百出，是為發明厚黑學之起點。

及入高等學堂，第一次上講堂，日本教習池永先生演說道：操學問，全靠自己，不能靠教師。教育二字，在英文為「Education」，照字義是引出之意。世間一切學問，俱是我腦中所固有，教師不過引之使出而已，並不是拿一種學問來，按入學生腦筋內。如果學問是教師給與學生的，則是等於此桶水傾入彼桶，只有越傾越少的，學生只有不如先生的。而學生每每有勝過先生者，即是由於學問是各人腦中的固有的原故。腦如一個囊，中儲許多物，教師把囊口打開，學生自己伸手去取就是了。他這種演說，恰與宗吾二字冥合，於我印象很深，覺得這種說法，比朱子所說「學之為言效也」[2]精深得多。後來我學英文，把字根一查，果然不錯。池永先生這個演說，於我發明厚黑學有很大的影響。我近來讀報章，看見日本二字就刺眼，凡是日本人的名字，都覺得討厭，獨有池永先生，我始終是敬佩的。他那種和藹可親的樣子，至今還常在我腦中。

我在學堂時，把教習口授的寫在一個副本上，書面大書固囊二字。許多同學不解，問我是何意義？我說並無意義，是隨便寫的。這固囊二字，我自己不說明，恐怕

1 儒者雖和當代人生活在一起，但他們的言行卻和古代的君子相合；儒者今世之行為，可為後世之楷模。

2 學習就是要先效法。

後來的考古家，考過一百年，也考不出來。固囊者，腦是一個囊，副本上所寫，皆囊中固有之物也。題此二字，聊當座右銘。

池永先生教理化數學，開始即講氧化氫，我就用引而出之的法子，在腦中搜索，走路吃飯睡覺都在想，看還可以引出點新鮮的東西否。以後凡遇他先生所講的，我都這樣的工作。哪知此種工作，真是等於王陽明之格竹子[1]，幹了許久許久，毫無所得。於是廢然思返，長嘆一聲道：今生已過也，再結後生緣。我從前被八股縛束久了，一聽見廢舉，興學堂，歡喜極了，把家中所有四書五經，與夫詩文集等等，一火而焚之。及在堂內住了許久，大失所望。有一次，星期日，在成都學道街買了一部《莊子》。雷民心見了詫異道：「你買這些東西來做什麼？」我說：「雷民心，科學這門東西，你我今生還有希望嗎？他是茫茫大海的，就是自己心中想出許多道理，也莫得器械來試驗，還不是等於空想罷了。在學堂中，充其量，不過在書本上得點人云亦云的智識，有何益處？只好等兒子兒孫再來研究，你我今生算了。因此我打算仍在中國古書上尋一條路來走。」他聽了這話，也同聲嘆息。

我在高等學堂的時候，許多同鄉同學的朋友都加入同盟會。有個朋友曾對我說：「將來我們起事，定要派你帶一支兵。」我聽了非常高興，心想古來當英雄豪傑，必定有個祕訣，因把歷史上的事匯集攏來，用歸納法搜求他的祕訣。經過許久，茫無所得。改成宣統二年（西元一九一〇年），我當富順中學堂監督（其時校長名曰監督）。有一夜，睡在監督室中，偶然想到曹操、劉備、孫權幾個人，不禁捶床而起曰：「得之矣！得之矣！古之所謂英雄豪傑者，不外面厚心黑而已！觸類旁通，頭頭是道，一部二十四史，都可一以貫之。」那一夜，我終夜不寐，心中非常愉快，儼然像王陽明在龍場驛大徹大悟[2]，發明格物致知之理一樣。

我把厚黑學發明了，自己還不知這個道理對與不對。我同鄉同學中，講到辦事才，以王簡恆為第一，雷民心嘗呼之為大辦事家。適逢簡恒進富順城來，我就把發明的道理，說與他聽，請他批評。他聽罷，說道：「李宗吾，你說的道理，一點不錯。但我要忠告你，這些話，切不可拿在口頭說，更不可見諸文字。你僅慣照你發明的道理埋頭做去，包你幹許多事，成一個偉大人物。你如果在口頭或文字上發表了，不但

1 年輕時王陽明以為格物就是研究萬事萬物，於是選中竹子，盯著竹子一連看了七天，便累倒了。

2 龍場悟道，為明朝大哲「陽明先生」王守仁思想領悟的事件。

終身一事無成，反有種種不利。」我不聽良友之言，竟自把它發表了，結果不出簡恒所料。諸君！諸君！一面讀厚黑學，一面須切記簡恒箴言。

我從前意氣甚豪，自從發明了厚黑學，就心灰意冷，再不想當英雄豪傑了。跟著我又發明求官六字真言、做官六字真言及辦事二妙法。這些都是民國元年的文字。反正後許多朋友，見我這種頹廢樣子，與從前大異，很為詫異，我自己也莫名其妙。假使我不講厚黑學，埋頭做去，我的世界或許不像現在這個樣子。不知是厚黑學誤我，還是我誤厚黑學。

《厚黑學》一書，有些人讀了，慨然興嘆，因此少出了許多英雄豪傑。有些人讀了，奮然興起，因此又多出了許多英雄豪傑。我發明厚黑學，究竟為功為罪，只好付諸五殿閻羅裁判。

我發表厚黑學的時候，念及簡恒之言，遲疑了許久。後來想到朱竹垞所說：「寧不食兩廡無豚肩，風懷一詩，斷不能刪。」[1]奮然道：「英雄豪傑可以不當，這篇文字不能不發表。」就毅然決然，提筆寫去，而我這英雄豪傑的希望，從此就斷送了，讀者只知厚黑學適用，那知我是犧牲一個英雄豪傑掉換來的，其代價不為不大。

其實朱竹垞刪去風懷一詩，也未必能食「兩廡豚肩」，我把厚黑學祕為獨得之奇，也未必能為英雄豪傑。於何證之呢？即以王簡恆而論，其於吾道算是獨有會心，以他那樣的才具，宜乎有所成就，而孰知不然。反正時，他到成都，張列五[2]委他某縣知事，他不幹，回到自井。民國三年，討袁之役[3]，熊、楊[4]在重慶獨立，富順響應，自井推簡恒為行政長。事敗，富順廖秋華、郭集成、刁廣孚被捕到瀘州，廖被大辟[5]，郭、刁破家得免，簡恒東藏西躲，晝伏夜行，受了雨淋，得病，纏綿至次年死，身後非常蕭條。以簡恒之才具之會心，還是這樣的結果，所以讀我《厚黑學》的人，切不可自命為得了明人的指點，即便自滿。民國元年，我到成都，住童子街公論日報社內，與廖緒初、謝綬青、楊仔耘諸人同住，他們再三慫恿我把厚黑學寫出來。緒初並說道：「你如果寫出來，我與你做一序。」我想：緒初是講程朱學的人，繩趨矩步[1]，朋輩呼之為廖大聖人，他都說可以發表，當然可以發表，我遂逐日寫去，我

1 大好豬肉寧不吃，也不刪掉這首詩。
2 張培爵，字列五，中國革命家、政治家、中國民主革命先驅、辛亥革命元勳。
3 又作二次革命，西元一九一三年，繼辛亥革命後發動的反對袁世凱的武裝鬥爭。
4 一九一三年七月二次革命爆發，熊克武、楊庶堪等人於八月五日在重慶宣布獨立，討伐袁世凱。
5 死刑。

用的別號，是獨尊二字，取「天上地下，惟我獨尊」之意，緒初用淡然的別號作一序曰：「吾友獨尊先生，發明厚黑學，成書三卷，上卷〈厚黑學〉、中卷〈厚黑經〉、下卷〈厚黑傳習錄〉，嬉笑怒罵，亦云苛矣。然考之中外古今，與夫當世大人先生，舉莫能外[2]，誠宇宙至文哉！世欲業斯學而不得門徑者，當不乏人，特勸先生登諸報端，以餉後學，他日更刊為單行本，普渡眾生，同登彼岸，質之獨尊，以為何如？民國元年、月、日，淡然[3]。」哪知一發表，讀者嘩然。說也奇怪，我與緒初同是用別號，乃廖大聖人之稱謂，依然如故，我則博得李厚黑的徽號。

緒初辦事，富有毅力，毀譽在所不計。民國八年，他當省長公署教育科科長，其時校長縣視學（縣視學即後來之教育局長）任免之權，操諸教育科。楊省長對於緒初，倚畀甚殷[4]，緒初簽呈任免之人，無不照准。有時省長下條子任免某人，緒初認為不當者，將原條退還，楊省長不以為忤，而信任益堅。最奇的，其時我當副科長，凡是得了好處的人，都稱頌曰：「此廖大聖人之賜也。」如有倒甑子的、被記過的、要求不遂的、預算被核減的，往往對人說道：「這是李厚黑幹的。」成了個善則歸廖緒初，惡則歸李宗吾。緒初今雖死，舊日教育科同事諸人，如侯克明、黃治畋等尚在，請他們當天說，究竟這些事是不是我幹的？究竟緒初辦事，能不能受旁人支配？

我今日說這話，並不是卸責於死友，乃是舉出我經過的事實，證明簡恒的話是天經地義，厚黑學三字，斷不可拿在口中講。我厚愛讀者諸君，故敢掬誠相告。

未必緒初把得罪人之事向我推卸嗎？則又不然。有人向他說及我，緒初即說道：「某某事是我幹的，某人怪李宗吾，你可叫某人來，我當面對他說，與宗吾無干。」無奈緒初越是解釋，眾人越說緒初是聖人，李宗吾幹的事，他還要代他受過，非聖人而何？李宗吾能使緒初這樣做，非大厚黑而何？雷民心曰：「厚黑學做得說不得。」真絕世名言哉！後來我也掙得聖人的徽號，不過聖人之上，冠有厚黑二字罷了。

聖人也，厚黑也，二而一，一而二也。莊子說：「聖人不死，大盜不止。」聖人與大盜的真相，莊子是看清楚了。跖[1]之徒問於跖曰：「盜有道乎？」跖曰：「奚啻其有道也？夫妄意關內，中藏，聖也；入先，勇也；出後，義也；知時，智也；分

---

1 繩趨矩步比喻人舉止動作都合乎法度。
2 意指所在範圍。
3 淡然是廖緒初的筆名。
4 非常信任的意思。

均，仁也。不通此五者而能成大盜者，天下無有。」[2]聖勇義智仁五者，本是聖人所做的，跖能竊用之，就成為大盜。反過來說，厚黑二者，本是大奸大詐所做的，人能善用之，就可成大聖大賢。試舉例言之，胡林翼曾說：「只要於公家有利，就是頑鈍無恥的事，我都要幹。」又說：「辦事要包攬把持。」所謂「頑鈍無恥」也、「包攬把持」也，豈非厚黑家所用的技術嗎？林翼能善用之，就成為名臣了。

王簡恆和廖緒初，都是我很佩服的人。緒初辦旅省敘屬中學堂和當省議會議員，只知為公二字，什麼氣都受得，有點像胡林翼之頑鈍無恥。簡恆辦事，獨行獨斷，有點像胡林翼之包攬把持。有天我當著他二人說道：「緒初得了厚字訣，簡恆得了黑字訣，可稱吾黨健者。」歷引其事以證之。二人欣然道：「照這樣說來，我二人可謂各得聖人之一體了。」我說道：「百年後有人一與我建厚黑廟，你二人都是有配享希望的。」

民國元年，我在成都公論日報社內寫《厚黑學》，有天緒初到我室中，見案上寫有一段文字：「楚漢之際，有一人焉，厚而不黑，卒歸於敗者，韓信是也。胯下之辱，信能忍之，面之厚可謂至矣。及為齊王，果從蒯通之說，其貴誠不可言，獨奈何於解衣推食之私情，貿然曰：『衣人之衣者，懷人之憂，食人之食者，死人之事。』

卒至長樂鐘室，身首異處，夷及三族，謂非咎由自取哉！楚漢之際，有一人焉，黑而不厚，亦歸於敗者，範增是也。」緒初把我的稿子讀了一遍，轉來把韓信這一段反覆讀之，默然不語，長嘆一聲而去。我心想道：這就奇了，韓信厚有餘而黑不足，範增黑有餘而厚不足，我原是二者對舉，他怎麼獨有契於韓信這一段？我下細思之，才知緒初正是厚有餘而黑不足的人。他是盛德夫子，叫他忍氣是做得來，叫他做狠心的事他做不來。患寒病的人，吃著滾水很舒服；患熱病的人，吃著冷水很舒服；緒初所缺乏之者，正是一黑字。韓信一段，是他對症良藥，故不知不覺，深有感觸。

中江謝綬青，光緒三十三年（西元一九〇七年），在四川高等學堂與我同班畢業。其時王簡恆任富順中學堂監督，聘綬青同我當教習。三十四年下學期，緒初當

1 春秋時大盜，當時人稱為「盜跖」。

2 「盜賊也有道嗎？」盜跖回答說：「怎能離開道呢？能推測出目標屋裡財物，這就是盜賊的聖明；敢率先進到屋裡，這就是盜賊勇敢；最後退出屋子，這就是盜賊義氣；判斷可否採取行動，這就是盜賊的智慧；盜來之物能分配公平，這就是盜賊的仁愛。明、勇、義、智、愛五樣若不能具備，而想成為真正的大盜，是天下沒有的事。」從這一點來看，善人不能通曉聖人之道便不能立業，盜賊不能通曉聖人之道便不能行竊。

富順視學，主張來年續聘，其時薪水以兩計。他向簡恆說道：「宗吾是本縣人，核減一百兩，綬青是外縣人，薪仍舊。」他知道我斷不會反對他，故毅然出此。我常對人說：「緒初這個人萬不可相交，相交他，銀錢上就要吃虧，我是前車之鑑。」有一事更可笑，其時縣立高小校校長姜選臣因事辭職，縣令王琰備文請簡恆兼任。有天簡恆笑向我說道：「我近日窮得要當衣服了，高小校校長的薪水，我很想支來用。照公事說，是不生問題。像順這一夥人，要攻擊我，我倒毫不睬他，最怕的是他廖聖人酸溜溜說道：『這筆款似乎可以不支吧。』你叫我這個臉放在何處？只好仍當衣服算了。」我嘗對人說：「此雖偶爾談笑，而緒初之令人敬畏，簡恆之勇於克己，足見一斑。」後來我發明厚黑學，才知簡恆這個談話，是厚黑學上最重要的公案。我嘗同雷民心批評：「朋輩中資質偏於厚字者甚多，而以緒初為第一。夠得上講黑字者，只有簡恆一人。近日常常有人說：『你叫我面皮厚，我還做得來，叫我黑，我實在做不來，宜乎我作事不成功。』我說：『特患你厚得不徹底，只要徹底了，無往而不成功。』你看緒初之厚，居然把簡恒之黑打敗，並且厚黑教主還送了一百銀子的贄見[1]。世間資質偏於厚字的人，萬不可自暴自棄。

相傳凡人的頸子上，都有一條刀路，劊子手殺人，順著刀路砍去，一刀就把腦殼削下。所以劊子手無事時，同人對坐閒談，他就要留心看你頸上的刀路。我發明厚黑學之初，遇事研究，把我往來的朋友作為實驗品，用劊子手看刀路的方法，很發見些重要學理。滔滔天下，無在非厚黑中人。諸君與朋輩往還之際，本我所說的法子去研究，包管生出無限趣味，比讀四書五經、二十五史受的益更多。老子曰：「邦之利器，不可以示人。」老夫髦矣，無志用世矣，否則這些法子，我是不能傳授人的。

我遇著人在我名下行使厚黑學，叨叨絮絮，說個不休。我睜起眼睛看著他，一言不發。他忽然臉一紅，噗一聲笑道：「實在不瞞你先生，當學生的實在沒法了，只有在老師名下行使點厚黑學。」我說道：「可以！可以！我成全你就是了！」語云：對行不對貨。奸商最會欺騙人，獨在同業前不敢賣假貨。我苦口婆心，勸人研究厚黑學，意在使大家都變成內行，假如有人要使點厚黑學，硬是說明了來幹，施者受者，大家心安理順。

我把厚黑學發明過後，凡人情冷暖，與夫一切恩仇，我都坦然置之。有人對我說：「某人對你不起，他如何如何。」我說：「我這個朋友，他當然這樣做。如果他不這樣做，我的厚黑學還講得通嗎？」我所發明的是人類大原則，我這個朋友，當然不能逃出這個原則。

辛亥十月，張列五在重慶獨立，任蜀軍政府都督，成渝合併，任四川副都督，嗣改民政長。他設一個審計院，擬任緒初為院長。緒初再三推辭，乃以尹仲錫為院長。緒初為次長，我為第三科科長。其時民國初成，我以為事事革新，應該有一種新學說出現，乃把我發明的厚黑學發表出來。及我當了科長，一般人都說：「厚黑學果然適用，你看李宗吾公然做起科長來了。」相好的朋友，勸我不必再登。我就停止不登。於是眾人又說道：「你看李宗吾，做了科長官，厚黑學就不登了。」我氣不過，向眾人說道：「你們只羨我做官，須知奔走宦場，是有祕訣的。」我就發明求官六字真言、做官六字真言，每遇著相好的朋友，就盡心指授。無奈我那些朋友資質太鈍，拿來運用不靈，一個個官運都不亨通，反是從旁竊聽的和間接得聞的，倒還很出些人才。

在審計院時，緒初寢室與我相連，有一日下半天，聽見緒初在室內拍桌大罵，聲震屋瓦，我出室來看，見某君倉皇奔出，緒初追而罵之：「你這個狗東西！混帳！」

直追至大門而止（此君在緒初辦旅省敘屬中學時曾當教職員）。緒初轉來，看見我，隨入我室中坐下，氣忿忿道：「某人，真正豈有此理！」我問何事，緒初道：「他初向我說：『某人可當知事，請我向列五介紹。』我唯唯否否應之。他說：『事如成了，願送先生四百銀子。』我桌子上一巴掌道：『胡說！這些話，都可拿來向我說嗎？』他站起來就走，說道：『算了，算了，不說算了。』我氣他不過，追去罵他一頓。」我說：「你不替他說就是了，何必為此已甚。」緒初道：「這宗人，你不傷他的臉，將來不知還要幹些什麼事。我非對列五說不可，免得用著這種人出去害人。」此雖尋常小事，在厚黑學上卻含有甚深的哲理。我批評緒初厚有餘而黑不足，叫他忍氣是做得來，叫他做狠心的事做不來，何以此事忍不得氣？其對待某君，未免太狠，竟自侵入黑字範圍，這是什麼道理呢？我反覆研究，就發見一條重要公例。公例是什麼呢？厚黑二者，是一物體之兩方面，凡黑到極點者，未有不能厚，厚到極點者，未有不能黑。舉例言之：曹操之心至黑，而陳琳作檄[1]，居然容他得過，則未嘗不能厚；劉備之面至厚，劉璋[2]推誠相待，忽然舉兵滅之，則未嘗不能黑。我們同輩中講到厚字，既公推緒初為第一，所以他逃不出這個公例。

古人云：「夫道一而已矣。」[3]厚黑二者，根本上是互相貫通的，厚字翻過來，即是黑；黑字翻過來，即是厚。從前有個權臣，得罪出亡。從者說道：「某人是公之故人，他平日對你十分要好，何不去投他？」答道：「此人對我果然很好。我好音，他就遺我以鳴琴；我好佩，他就遺我以玉環。他平日既見好於我，今日必以我見好於人，如去見他，必定縛我以獻於君，果然此人從後追來，把隨從的人捉了幾個去請賞。」這就是厚臉皮變而為黑心子的明證。人問：「世間有黑心子變而為厚臉皮的沒有？」我答道：「有！有！《聊齋》上馬介甫[4]那一段所說的那位太太，就是由黑心子一變而為厚臉皮。」

緒初辱罵某君一事，詢之他人，迄未聽見說過，除我一人而外，無人知之，後來同他相處十多年，也未聽他重提。我嘗說：緒初辱罵某君，足見其人剛正，雖暗室中，亦不可幹以私，事後絕口不言，隱人之惡，又見其盛德。但此種批評，是站在儒家立場來說，若從厚黑哲學上研究，又可得出一條公例：「黑字專長的人，黑者其常，厚者其暫；厚字專長的人，厚者其常，黑者其暫。」緒初是厚字專長的人，其以黑字對付某君，是暫時的現象；事過之後，又回復到厚字常軌，所以後此十多年隱而不言。我知他做了此等狠心事，必定於心不安，故此後見面，不便向他重提此事。他辦敘屬學堂的時候，業師王某來校當學生，因事犯規，緒初懸牌把他斥退。後來我曾提起此事，他蹙然道：「這件事我疚心。」這都是做了狠心的事，要恢復常軌的明證。因知他辱罵某君一定很疚心，所以不便向他重提。

緒初已經死了十幾年，生平品行，粹然無疵。凡是他的朋友和學生，至今談及，無不欽佩。去歲我做了一篇〈廖張軼事〉，敘述緒初和列五二人的事跡，曾登諸《華西日報》。緒初是國民黨的忠實信徒，就是異黨人，只能說他黨見太深，對於他的私德，仍稱道不置[1]。我那篇〈廖張軼事〉，曾臚舉[2]其事，將來我這《厚黑叢話》寫完了，莫得說的時候，再把他寫出來，充塞篇幅。一般人呼緒初為廖大聖人，我看他，得力全在一個厚字。我曾說：「用厚黑以圖謀公利，越厚黑人格越高尚。」緒初人格之高尚，是我們朋輩公認的。他的朋友和學生存者甚多，可證明我的話不錯，即可證明我定的公例不錯。

1 陳琳，東漢時期文學家。最著名的是《為袁紹檄豫州文》，文中歷數曹操的罪狀，詆斥及其父祖，極富煽動力。
2 東漢末年三國時代割據軍閥之一。
3 天下之道，一言而已。
4 故事大意為馬介甫的朋友楊萬石娶了一個惡婦，結果家人飽受其虐，最後惡婦得到應有的報應。

我發表《厚黑學》，用的別號是獨尊二字，與朋友寫信也用別號，後來我改寫為蜀酋。有人問我蜀酋作何解釋？我答應道：我發表《厚黑學》，有人說我瘋了，離經叛道，非關在瘋人院不可。我說：那麼，我就成為蜀中之罪酋了，因此名為蜀酋。我發表《厚黑學》過後，許多人實力奉行，把四川造成一個厚黑國。有人向我說道：國中首領，非你莫屬。我說：那麼，我就成為蜀中之酋長了，因此又名蜀酋。再者，我講授厚黑學，得我真傳的弟子，本該授以衣缽，但我的生活是沿門托缽，這個缽要留來自用，只有把我的狗皮褂子脫與他穿。所以獨字去了犬旁，成為蜀字。我的高足弟子很多，弟子之足高，則先生之足短，弟子之足高一寸，則先生之足短一寸。所以尊字截去寸字，成為酋字。有此原因，我只好稱為蜀酋了。

世間的事，有知難行易的，有知易行難的，惟有厚黑學最特別，知也難，行也難。此道之玄妙，等於修仙悟道的口訣，古來原是祕密傳授，黃石老人因張良身有仙骨，於半夜三更傳授他，張良言下頓悟，老人以王者師期之。無奈這門學問太精深了，所以《史記》上說：「良為他人言，皆不省，獨沛公善之。」良嘆曰：「沛公殆天授也。」可見這門學問不但明師難遇，就遇著了，也難於領悟。蘇東坡曰：「項籍百戰百勝，而輕用其鋒。高祖忍之，養其全鋒而待其敝，此子房教之也。」[3]衣缽真傳，彰彰可考。我打算做一部「厚黑學師承記」，說明授受淵源，使人知這門學問，要黃石公[4]這類人才能傳授，要張良、劉邦這類人才能領悟。我近倡厚黑救國之說，許多人說我不通，這也無怪其然，是之謂知難。

劉邦能夠分杯羹，能夠推孝惠、魯元下車，其心之黑還了得嗎？獨至韓信求封假齊王，他忍不得氣，怒而大罵，使非張良從旁指點，幾乎誤事。勾踐入吳，身為臣，妻為妾，其面之厚還了得嗎？沼吳之役，夫差遣人痛哭求情，勾踐心中不忍，意欲允之。全虧范蠡悍然不顧，才把夫差置之死地。以劉邦、勾踐這類人，事到臨頭，還須軍師臨場指揮督率才能成功，是之謂行難。

蘇東坡的〈留侯論〉，全篇是以一個厚字立柱。他文集中，論及沼吳之役，深以范蠡的辦法為然。他這篇文字，是以一個黑字立柱。諸君試取此二字，細細研讀，當

1 驚奇不已。
2 列舉。
3 項羽就是不能忍耐，所以百戰百勝，輕易使用武力。高祖忍耐得住，保存自己的強大的兵力，等待項羽實力消耗了才去消滅他，這是張良教他的吧。
4 黃石公，秦朝末年人物，曾傳授張良兵法。

知鄙言不謬。人稱東坡為坡仙，他是天上的神仙下凡，才能揭出此種妙諦。諸君今日，聽我講說，可謂有仙緣。噫，外患迫矣，來日大難，老夫其為黃石老人乎！願諸君以張子房自命。

卷三

有人讀《厚黑經》，讀至「蓋欲學者於此，反求諸身而自得之，以去夫外誘之仁義，而充其本然之厚黑」，發生疑問道：「李宗吾，你這話恐說錯了。孟子曰：『仁義禮智，非由外鑠我也，我固有之也。』可見仁義是本然的。你怎麼把厚黑說成本然，把仁義說成外誘？」我說：「我倒莫有說錯，只怕你們那個孟子錯了。孟子說：『孩提之童，無不知愛其親也，及其長也，無不知敬其兄也。』他這個話究竟對不對，我們要實地試驗。就叫孟子的夫人把他新生小孩抱出來，由我當著孟子試驗。母親抱著小孩吃飯，小孩伸手來拖，如不提防，碗就會落地打爛。請問孟子，這種現象是不是愛親？母親手中拿一塊糕餅，小孩伸手來索，母親不給他，放在自己口中，小孩就會伸手從母親口中取出，放在他口中。請問孟子，這種現象是不是愛親？小孩在母親懷中食乳，食糕餅，哥哥走近前，他就要用手推他打他。請問孟子，這種現象是不是敬兄？只要全世界尋得出一個小孩，莫得這種現象，我的厚黑學立即不講，既是全世界的小孩無一不然，可見厚黑是天性中固有之物，我的厚黑學當然成立。」一

孟子說：『人之所不學能者，其良能也，所不慮而知者，其良知也。』[1]小孩見母親口中有糕餅，就伸手去奪，在母親懷中食乳食糕餅，哥哥近前，就推他打他，都是不學而能，不慮而知，依孟子所下的定義，都該認為良知良能。孟子教人把良知良能擴而充之，現在許多官吏刮取人民的金錢，即是把小孩時奪取母親口中糕餅那種良知良能擴充出來的。許多志士，對於忠實同志，排擠傾軋，無所不用其極，即是把小孩食乳食糕餅時推哥哥、打哥哥那種良知良能擴充來的。孟子曰：『大人者，不失其赤子之心者也。』現在的偉人，小孩時那種心理，絲毫莫有失掉，可見中國鬧到這麼糟，完全是孟子的信徒幹的，不是我的信徒幹的。

我發表《厚黑學》，指定曹操、劉備、孫權、劉邦幾個人為模範人物。迄今二十四年並莫一人學到。假令有一人像劉備，過去的四川何至成為魔窟？有一人像孫權，

過去的寧粵[2]何至會有裂痕？有一人像曹操，偽滿敢獨立嗎？有一人像劉邦，中國會四分五裂嗎？吾嘗曰：「劉邦吾不得而見之矣。得見曹操斯可矣，曹操吾不得而見之矣，得見劉備、孫權斯可矣。」所以說中國鬧得這麼糟，不是我的信徒幹的。

漢高祖分杯羹，是把小孩奪母親口中糕餅那種良知良能擴充出來的。唐太宗殺建成、元吉，是把小孩食乳食糕餅時推哥哥、打哥哥那種良知良能擴充出來的。這即是《厚黑經》所說：「充其本然之厚黑。」昔人詠漢高祖詩云：「俎上肉，杯中羹，黃袍念重而翁輕。轑羹嫂，羹頡侯，一飯之仇報不休。[3]君不見漢家開基四百明天子，

1 人不必學習便能做到的，是良能；不必思考便會知道的，是良知。

2 南京簡稱「寧」，廣州簡稱「粵」。一九三一年蔣介石以政見不合拘禁了黨國大老，引發反蔣派在廣州成立國民政府，中國分裂為南京國民政府與廣州國民政府，史稱寧粵分裂。

3 案板上的肉，杯子里的羹，和當皇帝比，親父可以扔。劉邦窮困時，常常與賓客一起到大嫂家去吃飯。大嫂討厭劉邦，劉邦與客人一來，她就假裝羹湯吃完，故意用飯勺碰刮鍋邊發出聲響，賓客以為鍋中沒有飯，就離去了。過後劉邦看到鍋中還有羹湯，從此怨恨他的大嫂。劉邦稱帝後，分封兄弟，唯獨不封大哥的兒子。太上皇為孫子說情，劉邦說：「我不是忘記封他，因為他的母親不是忠厚大方的人。」於是才封她的兒子信為羹頡侯。轑：用器具刮物，使其有聲。

君臣父子兄弟夫婦朋友之間乃如此。」漢高祖把通常所謂五倫與夫禮義廉恥掃蕩得乾乾淨淨，這卻是《厚黑經》所說：「去夫外誘之仁義。」

有人難[1]我道：「孟子曰：『惻隱之心，人皆有之。』據你這樣說，豈不是應該改為惻隱之心人皆無之嗎？」我說：「這個道理，不能這樣講。孟子說：『今人乍見孺子將入於井，皆有怵惕惻隱[2]之心。』明明提出怵惕惻隱四字，下文忽言『無惻隱之心非人也』、『惻隱之心，仁之端也』，平空把怵惕二字摘來丟了，請問是何道理？再者孟子所說『乍見孺子將入於井』，這是孺子對於井發生了死生存亡的關係，我是立在旁觀地位。假令我與孺子同時將入井，請問孟子，此心作何狀態？此時發出來的第一念，究竟是怵惕，是惻隱？不消說，這剎那間只有怵惕而無惻隱，只能顧我之死，不暇顧及孺子之死。非不愛孺子也，事變倉卒，顧不及也。必我心略為安定，始能顧及孺子，惻隱心乃能出現。」我們這樣的研究，就可把人性真相看出。怵惕是為我的念頭，惻隱是為人的念頭。孟子曰：『惻隱之心，仁之端也。』李宗吾曰：『怵惕之心，厚黑之端也。』孟子講仁義，以惻隱為出發點；我講厚黑，以怵惕為出發點。先有怵惕，後有惻隱，孟子的學說是第二義，我的學說才是第一義。」

成都屬某縣，有曾某者，平日講程朱之學，品端學粹，道貌巖巖，人呼為曾大聖人，年已七八十歲，當縣中高小學校校長。我查學到校，問：「老先生近日還看書否？」答：「現在纂集宋儒語錄。」我問：「孟子說：『今人乍見孺子將入於井，皆有怵惕惻隱之心。』何以下文只說『無惻隱之心非人也』、『惻隱之心，仁之端也』，把怵惕二字置之不論，其意安在？」他聽了沉吟思索。我問：「見孺子將入於井，發出來的第一個念頭，究竟是怵惕，是惻隱？」他信口答道：「是惻隱。」我聽了默然不語，他也默然不語。我本然想說：第一念既是惻隱，何以孟子不言惻隱怵惕而言怵惕惻隱？因為他是老先生，不便深問，只問道：「宋儒之書，我讀得很少，只見他們極力發揮惻隱二字，未知對於怵惕二字，亦會加以發揮否？」他說：「莫有。」我不便往下再問，就談別的事去了。

《孟子》書上，孩提愛親章、孺子將入井章，是性善說最根本的證據。宋儒的學說，就是從這兩個證據推闡出來的。我對於這兩個證據，根本懷疑，所以每談厚黑學，就把宋儒任意抨擊。但我生平最喜歡懷疑，不但懷疑古今人的說法，並且自己

1 質問、責備。
2 既擔心害怕，又同情憐憫。

的說法也常常懷疑。我講厚黑學，雖能自圓其說，而孟子的說法，也不能說他莫得理由。究竟人性的真相是怎樣？孟子所說：孩提知愛和惻隱之心，又從何處生出來呢？我於是又繼續研究下去。

中國言性者五家，孟子言性善，荀子言性惡，告子[1]言性無善無惡，揚雄言善惡混，韓昌黎言性有三品。這五種說法，同時並存，竟未能折衷一是。今之政治家，連人性都未研究清楚，等於醫生連藥性都未研究清楚。醫生不了解藥性，斷不能治病；政治家不了解人性，怎能治國？今之舉世紛紛者，實由政治家措施失當所致。其措施之所以失當者，實由對於人性欠了精密的觀察。

中國學者，對於人性欠精密的觀察；西洋學者，觀察人性更欠精密。現在的青年，只知宋儒所說「婦人餓死事小，失節事大」這個道理講不通。這都是對於人性欠了研究，才有這類不通的學說。學說既不通，基於這類學說生出來的措施，遂無一可通，世界烏得不大亂？

從前我在報章雜誌上，常見有人說：中國的禮教，是吃人的東西。殊不知西洋的學說，更是吃人的東西。阿比西尼亞被墨索里尼摧殘蹂躪，是受達爾文學說之賜，將來算總帳，還不知要犧牲若干人的生命。我們要想維持世界和平，非把這類學說一律肅清不可；要肅清這類學說，非把人性徹底研究清楚不可。我們把人性研究清楚了，政治上的設施，國際上的舉動，才能適合人類通性，世界和平才能維持。

我主張把人性研究清楚，常常同友人談及。友人說：「近來西洋出了許多心理學的書，你雖不懂外國文，也無妨買些譯本來看。」我說：「你這個話太奇了！我說個笑話你聽：從前有個查學員視察某校，對校長說：『你這個學校，光線不足。』校長道：『我已派人到上海購買去了。』人人有一個心，自己就可直接研究，本身就是一副儀器標本，隨時隨地都可以試驗，朝夕與我往來的人，就是我的試驗品，你叫我看外國人著的心理學書，豈不等於到上海買光線嗎？」聞者無辭可答。

我民國元年著的《厚黑學》，原是一種遊戲文字，不料發表出來，竟受一般人的歡迎，厚黑學三字，在四川幾乎成一普通名詞。我以為此種說法能受人歡迎，必定於人性上有關係，因繼續研究。到民國九年，我想出一種說法，似乎可以把人性問題解決了，因著〈心理與力學〉一文，載入《宗吾臆談》內。我這種說法，未必合真理，

---

1 戰國時代，約與孟子同時的學者，兼治儒墨之學，主張人之性是無善無不善的。

但為研究學術起見，也不妨提出來討論。

西洋人研究物理學研究得很透澈，得出來的結論，五洲萬國無有異詞，獨於心理學卻未研究透澈，所以得出來的結論，此攻彼訐。這是什麼道理呢？因為研究物理，乃是以人研究物，置身局外，冷眼旁觀，把真相看得很清楚，毫無我見，故所下判斷最為正確。至於研究心理學，則研究者是人，被研究者也是人，不知不覺就滲入我見，下的判斷就不公平。並且我是眾人中之一人，古人云：「不識廬山真面目，只緣身在此山中。」即使此心放得至公至平，仍得不到真相。因此我主張：研究心理學，應當另闢一個途徑來研究。科學家研究物理學之時，毫無我見，等他研究完畢了，我們才起而言曰：人為萬物之一，物理與人事息息相通，物理上的公例也適用於人事。據物理的公例，以判斷人事，而人就無遁形了。聲光磁電的公例，五洲萬國無有異詞。人之情感，有類磁電；研究磁電，離不脫力學公例，我們就可以用力學公例以考察人之心理。

民國九年，我家居一載，專幹這種工作，用力學上的公例去研究心理學，覺到許多問題都渙然冰釋。因創一公例曰：心理變化，循力學公例而行。從古人事跡上、現今政治上、日用瑣事上、自己心坎上、理化數學上、中國古書上、西洋學說上，四面八方印證起來，似覺處處可通。有了這條公例，不但關於人事上一切學說若網若綱，有條不紊，就是改革、經濟、政治等等，也有一定的軌道可循，而我心中的疑團，就算打破，人性問題就算解決了。但我要聲明：所謂疑者，是我心中自疑，非謂人人俱如是疑也。所謂解決者，是我自謂解決，非謂這個問題果然被我解決也。此乃我自述經過，聊備一說而已。

本來心理學是很博大精深的，我是個講厚黑學的，怎能談這門學問？我說「心理變化，循力學公例而行」，等於說「水之波動，循力學公例而行」。據科學家眼光看來，水之性質和現象，可供研究者很多，波動不過現象中之一小部分。所以我談心理，只談得很小很小一部分，其餘的我不知道，就不敢妄談。

為何力學上的公例可應用到心理學上呢？須知科學上許多定理，最初都是一種假說，根據這種假說，從各方試驗都覺可通，這假說就成為定理了。即如地球這個東西，自開闢以來就有的，人民生息其上，不經經過了若干萬萬年，對於地球之構成就無人了解。距今二百多年以前，出了個牛頓，發明萬有引力，說地心有吸力，把泥土沙石吸成一團，成為地球。究竟地心有無吸力，無人看見，牛頓這個說法，本是假定的，不過根據他的說法，任如何試驗，俱是合的，於是他的假說就成了定理。從此一般人都知道：凡是有形有體之物，俱要受吸力的吸引。到愛因斯坦出來，發明相對論，本牛頓之說擴大之，說：太空中的星球發出的光線，經過其他星球，也要受其吸引。因天空中眾星球互相吸引之故，於是以直線進行之光線，就變成彎彎曲曲的形狀。他這種說法，經過實地測驗，證明不錯，也成為定理。從此一般人又知道，有形無體之光線，也要受吸力的吸引。我們要解決心理學上的疑團，無妨把愛因斯坦的說法再擴大之，說：我們心中也有一種引力，能把耳聞目睹，無形無體之物吸收來成為一個心。心之構成，與地球之構成相似。我們這樣的設想，牛頓的三例和愛因斯坦的相對論，就可適用到心理學方面，而人事上一切變化，就可用力學公例去考察它了。

通常所稱的心，是由於一種力，經過五官出去，把外邊的事物牽引進來，集合而成的。例如有一物在我面前，我駐目視之，即是一種力從目透出去，與那個物連結；我將目一閉，能夠記憶那物的形狀，即是此力把那物拖進來綰[1]住了；聽人的話能夠記憶，即是把那人的話拖進來綰住了。由這種方式，把耳濡目染與夫環境所經歷的事項一一拖進來，集合為一團，就成為一個心。所以心之構成，與地球之構成完全相似。

一般人都說自己有一個心，佛氏出來，力辟此說，說：「人莫得心，通常所謂心，是假的，乃是六塵的影子。」《圓覺經》曰：「一切眾生，無始以來，種種顛倒，妄認四大為自身相，六塵緣影為自心相。」[2]我們試思，假使心中莫得引力，則六塵影子之經過，亦如雁過長空，影落湖心一般，雁一去，影即不存。而吾人見雁之過，其影能留在心中者，即是心中有一種引力把雁影縮住的原故。所以我們拿佛家的話來推究，也可證明心之構成與地球之構成是相似的。

佛家說：「六塵影子落在八識田中，成為種子，永不能去。」這就像穀子、豆子落在田土中，成為種子一般。我們知穀子、豆子落在田土中，是由於地心有引力，即知六塵影子落在八識田中，是由於人心有引力。因為有引力縮住，所以穀子、豆子在田土中永不能去，六塵影子在八識田中也永不能去。

我們如把心中所有知識一一考察其來源，即知其無一不從外面進來。其經過的路線，不外眼耳鼻舌身。雖說人能夠發明新理，但仍靠外面收來的智識作基礎。猶之建

---

1 繫結住。

2 四大是「地、水、火、風」，六塵就是「色、聲、香、味、觸、法」，眾生妄認四大假合之身為自己的身相，又六塵境界在心中的塵影，當作是真心，其實都是錯覺。

築房屋，全靠外面購來的磚瓦木石。假如把心中各種智識的來源考出了，從目進來的，命他仍從目退出去；從耳進來的，令他仍從耳退出去，其他一一俱從來路退出，我們的心即空無所有了。人的心能夠空無所有，對於外物無貪戀、無嗔恨，有如湖心雁影，過而不留，這即是佛家所說「還我本來面目」。

地球之構成，源於引力，意識之構成，源於種子，試由引力再進一步，推究到天地未有以前，由種子再進一步，推究到父母未生以前，則只有所謂寂兮寥兮的狀況，而二者就會歸於一了。由寂兮寥兮生出引力，而後有地球，而後有物；由寂兮寥兮，生出種子，而後有意識，而後有人。由此知心之構成與地球之構成相似，物理與人事相通，故物理學的規律可適用於心理學。

心理的現象，與磁電現象很相像。人有七情，大別之，只有好、惡二種。心所好的東西，就引之使近；心所惡的東西，就推之使遠。其現象與磁電相同。人的心，分知、情、意三者，意是知與情合併而成，其元素只有知、情二者。磁電同性相推，異性相引，他相推相引的作用，是情的現象。能夠差別同性異性，又含有知的作用。可見磁電這個東西，也具有知、情，與我們的心理是一樣的。陽電所需要的是陰電，忽然來了一個陽電，要分它的陰電，它當然把它推開。陰電所需要的是陽電，忽然來了一個陰電，要分它的陽電，它當然也把它推開。這就像小兒食乳食糕餅的時候，見哥哥來了，用手推他打他一般，所以成了同性相推的現象。至於磁電異性相引，猶如人類男女相愛，更是不待說的。所以我們研究心理學，可當如磁電學研究。

佛說：「真佛法身，映物現形。」宛然磁電感應現象。又說：「本性圓融，用遍法界。」又說：「非有非無。」宛然磁電中和現象。又說：「不生不滅，不增不滅。」簡直是物理學家所說「能力不滅」。因此之故，我們用力學公例去考察人性，想來不會錯。

孟子講性善，說：「孩提之童，無不知愛其親，及其長也，無不知敬其兄。」我講厚黑學，說：「小兒見母親口中有糕餅，就取來放在自己口中。小兒在母親懷中食乳食糕餅，見哥哥走近來，就用手推他打他。」這兩種說法，豈不是極端相反嗎？究竟人性的真相是怎樣？我們下細觀察，即知小兒一切動作，都是以我為本位，各種現象，都是從比較上生出來的。將母親與己身比較，小兒更愛己身，故將母親口中糕餅取出，放入自己口中。母親是懷抱我、乳哺我的人，拿母親與哥哥比較，母親與我更接近，故更愛母親。大點的時候，與哥哥朝夕一處玩耍，有時遇著鄰人，覺得哥哥與我更接近，自然更愛哥哥。由此推之，走到異鄉，就愛鄰人；走到外省，就愛本省

甲　圖

人；走到外國，就愛本國人。其間有一定之規律，其規律是：距我越近，愛情越篤，愛情與距離成反比例。與牛頓萬有引力定律是相像的。我們把它繪出來，如甲圖，第一圈是我，第二圈是親，第三圈是兄，第四圈是鄰人，第五圈是本省人，第六圈是本國人，第七圈是外國人。這個圖是人心的現象，我們詳加玩索，就覺得這種現象很像講堂上試驗的磁場一般。距磁石越近的地方，鐵屑越多，可見人的情感與磁力相像。我們從甲圖研究，即知我說的小兒搶母親口中糕餅和孟子所說孩提愛親，原是一貫的事，俱是以我字為出發點，性善說與厚黑學就可貫通為一。

上面所繪甲圖，是否真確，我們可再設法證明：假如暮春三月的時候，我們約著二三友人出去游玩，走至山明水秀的地方，心中覺得非常愉快，走至山水粗惡的地方，心中就戚然不樂，這是什麼緣故呢？因為山水是物，我也是物，物與我本是一體，所以物類好，心中就愉快；物類不好，心中就不愉快。我們又走至一個地方，見地上許多碎石，碎石之上，落花飄零，我們心中很替落花悲戚，對於碎石不甚動念，這是什麼緣故？因為石是無生之物，花與我同是有生之物，所以對於落花更覺關情。假如落花之上臥一將斃之犬，哀鳴宛轉，那種聲音，入耳驚心，驟聞之下，就會把悲感落花之心移向犬方而去了。這是什麼緣故？因為花是植物，犬與我同是動物，自然

乙　圖

會起同情心。我們遊畢歸來，途中見一隻犬攔住一個行人，狂跳狂吠，那人持杖亂擊，人犬相爭，難解難分，我們看見，總是幫人的忙，不會幫犬的忙。因為犬是獸類，那人與我同是人類，對乎人的感情，當然不同。假如我們回來，一進門就有人來對我說：某個友人，因為某事，與人發生絕大衝突，勝負未分，我就很替這個友人關心，希望他得勝。雖然同是人類，因為有交情的關係，不知不覺就偏重在我的友人方面去了。我把朋友邀入室中，促膝談心，正在爾我忘情的時候，突然房子倒下來，我們心中發出來的第一個念頭，是防衛自己，第二個念頭，才顧及友人。我們把各種事實，各種念頭，匯合攏來，搜求他的規律，即知每起一念，都是以我字為中心點，我們步步追尋，層層剝剔，逼到盡頭處，那個我字，即赤裸裸的現出來了。我們可得一個結論：凡有兩個物體，同時出現於我的面前，我無須計較，無須安排，心中自然會有親疏遠近之分。其規律是：距我越遠，愛情越減，愛情與距離成反比例。終不外牛頓萬有引力的定律。我們把它繪出圖來，如乙圖：第一圈是我，第二圈是友，第三圈是他人，第四圈是犬，第五圈是花，第六圈是石。它的現象仍與磁場一般。我們繪這乙圖，是捨去了甲圖的境界，憑空另設一個境界，乃繪出之圖與中圖無異，可知甲圖是合理的，乙圖也是合理的。這兩個圖，都是代表人心的現象，既是與磁場相像，與地心引力相像，即可說心理變化不外力學公例。

孟子講性善，有兩個證據，第一個證據是：「孩提之童，無不知愛其親，及其長也，無不知敬其兄。」前已繪圖證明，是發源於為我之心，根本上與厚黑學相通。他第二個證據是：「今人乍見孺子將入於井，皆有怵惕惻隱之心。」我們細細推求，仍是發源於為我之心，仍與厚黑學相通。茲說明如下：

怵惕是驚懼的意思，是自己畏死的表現。假如我們共坐談心的時候，徒見前面有一人提一把白亮亮的刀追殺一人，我們一齊吃驚，各人心中都要跳幾下。這個現象，即是怵惕。這是因為各人都有畏死的天性，看見刀彷彿是殺我一般，所以心中會跳，所以會怵惕。我略一審視，曉得不是殺我，是殺別人，登時就會把畏死的念頭放大，化我身為被追的人，對乎他起一種同情心，就想救護他。這就是惻隱。先有怵惕，後有惻隱，是天然的順序，不是人力安排的。由此可知：惻隱是從怵惕生出來的，莫得怵惕，就不會惻隱，可以說惻隱二字，仍發源於我字。

見孺子將入井的時候，共有三物，一曰我，二曰孺子，三曰井。我們把他繪為圖：第一圈是我，第二圈是孺子，第三圈是井。我與孺子同是人類，井是無生之物，孺子對於井生出死生存亡的關係，我當然對孺子表同情，不能對井表同情。有了第一圈的我，才有第二圈的孺子。因為我怕死，才覺得孺子將入井是不幸的事；假如我不怕死，就叫我自己入井，我也認為不要緊的事，不起怵惕心。看見孺子將入井，也認為不要緊的事，斷不會有惻隱心。莫得我，即莫得孺子，莫行怵惕，即莫得惻隱，道理本是極明白的。孺子是我身的放大形，惻隱是怵惕的放大形，孟子看見怵惕心能放大而為惻隱心，就叫人把惻隱心再放大起來，擴充到四海。道理本是對的，只因少說一句：惻隱是怵惕擴充出來的。就生出宋儒的誤會。宋儒言性，從惻隱二字講起走，捨去怵惕二字不講，成了有惻隱無怵惕，知有第二圈之孺子，不知有第一圈之我。宋儒學說，許多迂曲難通，其病根就在這一點。

我們把甲乙兩圖詳加玩味，就可解決孟荀兩家的爭執。甲圖是層層放大，由我而親，而兄，而鄰人，而本省人，而本國人，而外國人，其路線是由內向外，越放越大。孟子看見人心有此現象，就想利用他，創為性善說。所以他說：「老吾老，以及人之老；幼吾幼，以及人之幼。舉斯心，加諸彼。推恩足以保四海。」力勸人把圈子放大點。孟子喜言詩，詩是宣暢人的性情，含有利導的意思。乙圖是層層縮小，由石而花，而犬，而人，而友，而我，其路線是由外向內，越縮越小。荀子看見人心有此現象，就想制止他，創為性惡說。所以他說：「妻子具而孝衰於親，嗜欲得而信衰於友，爵祿盈而忠衰於君。」[1]又說：「拘木待櫽括蒸矯然後直，鈍金待礱厲然後利，人待師法然後正，得禮義然後治」[2]，生怕人把圈子縮小了。荀子習於禮，禮是範圍人的行為，含有制裁的意思。甲乙兩圖，都是代表人心的現象，甲圖是離心力現象，乙圖是向心力現象。從力學方面說，兩種現象俱不錯，即可說孟荀二人的說法俱不錯。無奈他二人俱是各說一面，我們把甲乙二圖一看，孟荀異同之點就可了然了。事情本是一樣，不過各人的看法不同罷了。我們詳玩甲乙二圈，就可把厚黑學的基礎尋出來。

王陽明講的致良知，是從性善說生出來的；我講的厚黑學，是從性惡說生出來的。王陽明說：「滿街都是聖人。」我說：「滔滔天下，無在非厚黑中人。」此兩說何以會極端相反呢？因為同是一事，可以說是性善之表現，也可說是性惡之表現。舉例言之：假如有個友人來會我，辭去不久，僕人來報道：剛才那個友人，出門去就與人打架角孽，已被警察將雙方捉去了。我聽了，就異常關心，立命人去探聽。聽說警察判友人無罪，把對方關起了，我就很歡喜。倘判對方無罪，把友人關起，我就很憂悶。請問我這種心理，究竟是善是惡？假如我去問孟子，孟子一定說：這明明是性善的表現，何以故呢？你的朋友與人相爭，與你毫無關係，你願你的朋友勝，不願他敗，這種愛友之心，是從天性中不知不覺流露出來的。此種念頭，是人道主義的基礎。所謂博施濟眾，是從此種念頭生出來的，所謂民胞物與，也是從此種念頭生出來的，所以人們起了此種念頭，就須把他擴充起來。假如我去問荀子，荀子一定說：這明明是性惡的表現，何以故呢？你的朋友是人，和他打架的也是人，人與人相爭，你不考察是非曲直，只是願友勝不願友敗；這種自私之心，是從天性中不知不覺流露出來的。此種念頭，是擾亂世界和平的根苗。日本以武力佔據東北四省，是從此種念頭生出來的，墨索里尼用飛機轟炸阿比西尼亞，也是從此種念頭生出來的，所以人們起了此種念頭，即須把他制伏下去。我們試看上面的說法，兩邊都有道理，卻又極端相反，這是什麼緣故呢？我們要解決孟荀兩家的爭執，只消繪圖一看，就自然明白了。如圖：第一圈是我，第二圈是友，第三圈是他人，此心願友得勝，即是第二圈。請問這第二圈，是大是小呢？孟子尋個我字，與友字比較，即是在外面畫個小圈來比較，

1 有了妻子兒女則對雙親就不那麼孝順了，實現了所嗜好的慾望則對朋友就不那麼誠信了，地位財富滿盈則對君王就不那麼忠心了。

2 所以彎曲的木材，一定要靠檃栝蒸熱矯正，然後才直；不鋒利的刀劍，一定要磨礪，然後才鋒利；現在人的性惡，一定要靠老師、法制，才能改正，有禮義然後才能治理安定。

說第二圈是個大圈。荀子尋個人字，與友字比較，即是在外面畫個大圈來比較，說第二圈是個小圈。孟子以為第二圈是第一圈放大而成，其路線是向人字方面擴張出去，故斷定人之性善。荀子以為第二圈是由第三圈縮小而成，其路線是向我字方面收縮攏來，故斷定人之性惡。其實第二圈始終只有那麼大，並未改變。單獨畫一個圈，不能斷他是大是小；單獨一種愛友之心，不能斷他是善是惡。畫了一圈之後，再在內面或外面畫一圈，才有大小之可言。因愛友而做出的事，妨害他人或不妨害他人，才有善惡之可言。

願友勝不願友敗之心理，是一種天然現象，乃人類之通性，不能斷他是善是惡，只看如何應用就是了。本此心理，可做出相親相愛之事，也可做出相爭相奪之事，猶之我們在紙上畫了一圈之後，可以在內面畫一小圈，也可以在外面畫一大圈。孟子見人畫了一圈，就斷定他一定會把兩腳規張開點，在外面畫一個較大之圈。荀子見人畫了一圈，就斷定他一定會把兩腳規收攏點，在內面畫一個較小之圈。若問他二人的理由，孟子說：這個圈，明明是由一個小圈放大而成。依著它的趨勢，當然會再放大，在外面畫一個更大之圈。荀子說：這個圈明明是由一個大圈縮小而成。依著它的趨勢，當然會再縮小，在內面畫一個更小之圈。這些說法，真可算無謂之爭。

我發表厚黑學後，繼續研究，民國九年，創出一條公例：心理變化，循力學公例而行。並繪出甲乙二圖，因知孟子的性善說和荀子的性惡說，都帶有點詭辯的性質。同時悟得：我民國元年講的厚黑學，和王陽明講的致良知，也帶有點詭辯的性質。什麼是詭辯呢？把整個的道理蒙著半面，只說半面，說得條條有理，是之謂詭辯。戰國策士，遊說人主，即是用的此種方法。其時，堅白異同[1]之說甚盛，孟荀生當其時，染得有點此種氣習，讀者切不可為其所愚。我是厚黑先生，不是道學先生，所以我肯說真話。力有離心、向心兩種現象，人的心理也有這兩種現象。孟荀二人，各見一種，各執一詞。甲乙兩圖，都與力學公例不悖，故孟荀兩說，能夠對峙二千餘年，各不相下。我們明白這個道理，孟荀兩說就可合而為一了。孟荀兩說合併，就成為告子的說法。告子說：「性無善無不善。」任從何方面考察，他這個說法都是對的。

1 意思是指戰國時公孫龍的「離堅白」和惠施的「合同異」之說。對「堅白石」這一命題，公孫龍認為「堅」、「白」是脫離「石」而獨立存在的實體，從而誇大了事物之間的差別性而抹殺了其統一性；惠施看到事物間的差異和區別，但以「合同異」的同一，否定了差別的客觀存在。兩者都只強調事物的一個方面，而否定其他方面。

人性本是無善無惡，也可說是：可以為善，可以為惡。孟子出來，於整個人性中裁取半面以立說，成為性善說。遺下了半面，荀子取以立論，就成為性惡說。因為各有一半的真理，故兩說可以並存。又因為只佔得真理之一半，故兩說互相攻擊。

有孟子之性善說，就有荀子之性惡說與之對抗。有王陽明的致良知，就有李宗吾的厚黑學與之對抗。王陽明說：「見父自然知孝，見兄自然知悌。」把良知二字講得頭頭是道。李宗吾說：小孩見著母親口中糕餅，自然會取來放在自己口中。在母親懷中食乳食糕餅，見哥哥近前，自然會用手推他、打他。我把厚黑二字也講得頭頭是道。有人呼我為教主，我何敢當？我在學術界，只取得與陽明對等的位置罷了。不過陽明在孔廟中配享，吃冷豬肉，我將來只好另建厚黑廟，以廖大聖人和王簡恆、雷民心諸人配享。我的厚黑學，本來與王陽明的致良知有對等的價值，何以王陽明受一般人的推崇，我受一般人的訾議呢？因為自古迄今，社會上有一種公共的黑幕，這種黑幕，只許彼此心心相喻，不許揭穿，揭穿了，就要受社會的制裁。這算是一種公例。我每向人講厚黑學，只消連講兩三點鐘，聽者大都津津有味，說道：我平日也這樣想，不過莫有拿出來講。請問：心中既這樣想，為什麼不拿出來講呢？這是暗中受了這種公例支配的原故。我赤裸裸的揭穿出來，是違反了公例，當然為社會不許可。

社會上何以會生出這種公例呢？俗語有兩句：「逢人短命，遇貨添錢。」諸君都想知道，假如你遇著一個人，你問他尊齡？答：「今年五十歲了。」你說：「看你先生的面貌，只像三十幾的人，最多不過四十歲罷了。」他聽了，一定很歡喜，是之謂「逢人短命」。又如走到朋友家中，看見一張桌子，問他買成若干錢？他答道：「買成四元。」你說：「這張桌子，普通價值八元，再買得好，也要六元，你真是會買。」他聽了一定也很喜歡，是之謂「遇貨添錢」。人們的習性，既是這樣，所以自然而然的就生出這種公例。主張性善說者，無異於說：世間盡是好人，你是好人，我也是好人。說這話的人，怎麼不受歡迎？主張性惡說者等於說：世間盡是壞人，你是壞人，我也是壞人。說這話的人，怎麼不受排斥？荀子本來是入了孔廟的，後來因為他言性惡，把他請出來，打脫了冷豬肉，就是受了這種公例的制裁。於是乎程朱派的人，遂高坐孔廟中，大吃其冷豬肉。

《孟子》書上有「閹然媚於世也」[1]一句話，可說是孟子與宋明諸儒定的罪案，

1 比喻掩藏自己的本意，而博取別人的歡心。

也即是孟子自定的罪案。何以故呢？性惡說是箴世，性善說是媚世。性善說者曰：你是好人，我也是好人，此妾婦媚語也。性惡說者曰：你是壞人，我也是壞人，此志士箴言也。天下妾婦多而志士少，箴言為舉世所厭聞，荀子之逐出孔廟也宜哉。嗚呼！李厚黑，真名叫罪人也！近人蔣維喬著《中國近三百年哲學史》說：「荀子在周末，倡性惡說，後儒非之者多，絕於一人左袒[1]之者，歷一千九百餘年，俞曲園獨毅然讚同之。我同主張性惡說者，古今只有荀俞二氏。」云云。俞曲園是經學大師，一般人只研究他的經學，他著的性說上下二篇，若存若亡，可以說中國言性惡之書，除荀子而外，幾乎莫有了。箴言為舉世所厭聞，故敢於直說的人，絕無僅有。

滔滔天下，皆是諱疾忌醫的人，所以敢於言性惡者，非天下的大勇者不能，非捨得犧牲者不能。荀子犧牲孔廟中的冷豬肉不吃，才敢於言性惡；李宗吾犧牲英雄豪傑不當，才敢於講厚黑學。將來建厚黑廟時，定要在後面與荀子修一個啟聖殿，使他老人家藉著厚黑教主的餘蔭，每年春秋二祭，也吃吃冷豬肉。

常常有人向我說道：你的說法，未免太偏。我說：誠然，惟其偏，才醫得好病，芒硝大黃，姜桂附片，其性至偏，名醫起死回生，所用皆此等藥也。藥中之最不偏者，莫如泡參甘草，請問世間的大病，被泡參甘草醫好者自幾？自孟子而後，性善說充塞天下，把全社會養成一種不癢不痛的大腫病，非得痛痛地打幾針、燒幾艾不可。所以聽我講厚黑學的人，當說道：你的議論，很痛快。因為害了麻木不仁的病，針之灸之，才覺得痛；針灸後，全體暢適，才覺得快。有人讀了《厚黑叢話》，說道：「你何必說這些鬼話？」我說：「我逢著人說人話，逢著鬼說鬼話，請問當今之世，不說鬼話，說什麼？」我這部《厚黑叢話》，人見之則為人話，鬼見之則為鬼話。

我不知過去生中，與孔子有何冤孽，他講他的仁義，偏偏遇著一個講厚黑的我，我講我的厚黑，偏偏遇著一個講仁義的他。我們兩家的學說，極端相反，永世是衝突的。我想：「冤家宜解不宜結。」我與孔子講和好了。我想個折衷調和的法子，提出兩句口號：「厚黑為裡，仁義為表。」換言之，即是枕頭上放一部厚黑學，案頭上放一部四書五經；心頭上供一個大成至聖先師李宗吾之神位，壁頭上供一個大成至聖先師孔子之神位。從此以後，我的信徒，即是孔子的信徒；孔子的信徒，即是我的信徒，我們兩家學說，永世不會衝突了。千百年後，有人出來做一篇「仲尼宗吾合

1 偏護一方。

傳」，一定說道：仁近於厚，義近於黑，宗吾引繩墨，切事情，仁義之弊，流於麻木不仁[1]，而宗吾深遠矣。諱疾忌醫，是病人通例，因之就成了醫界公例。荀子向病人略略針灸了一下，醫界就嘩然，說他違反了公例，把他逐出醫業公會，把招牌與他下了，藥鋪與他關了。李宗吾出來，大講厚黑學，叫把衣服脫了，赤條條的施用刀針。這是自荀子而後，二千多年，都莫得這種醫法，此李厚黑所以又名李瘋子也。

昨有友人來訪，見我桌上堆些宋元學案、明儒學案一類書，詫異道：「你怎麼看這類書？」我說：「我怎麼不看這類書？相傳某國有一井，汲飲者，立發狂。全國人皆飲此井之水，全國人皆狂。獨有一人，自鑿一井飲之，獨不狂。全國人都說他得了狂病，捉他來，針之灸之，施以種種治療，此人不勝其苦，只得自汲狂泉飲之。於是全國人都歡欣鼓舞，道：『我們國中，從此無一狂人了。』我怕有人替我醫瘋疾，針之灸之，只好讀宋明諸儒的書，自己治療。」

人性是渾然的，彷彿是一個大城，王陽明從東門攻入，我從西門攻入，攻進去之後，所見城中的真相，彼此都是一樣。人性以告子所說，無善無不善，最為真確。王陽明倡致良知之說，是主張性善的，而他教人提出：「無善無惡心之體，有善有惡意之動」[2]等語，請問此種說法，與告子何異？我發表的《厚黑學》，是性惡說這面的說法。民國九年，我創一條公例：心理變化，循力學公例而行。這種說法，即是告子的說法。告子曰：「性猶湍水也。」[3]湍水之變化，即是循著力學公例走的，所以「性猶湍水也」五個字，換言之，即是心理變化，循力學公例而行。

有人難我道：「告子說：『性無善無不善。』陽明說：『無善無惡心之體。』一個言性，一個言心體，何能混為一談？至於你說的心理變化，則是就『用』上言之，更不能牽涉到『體』上。我說：「我的話不足為憑，請看陽明的話。陽明曰：『心統性情，性，心體也；情，心用也，夫體用一源也，知體之所以為用，則知用之所以為體矣。』[4]心體即是性，這是陽明自己下的定義。我說：『陽明的說法，即是告子的

---

1 講仁義近於厚，講義氣近於黑。李宗吾以此為標準，深入剖析各類事情。講仁義的弊端，就是趨向於麻木不仁。

2 心體是道德之根，價值之源，是純粹至善的；也指人的本心，當意念一動，如果是順著本心而動的話，那就向善；如果是受私慾而動的話，那就向惡。

3 水沒有定性，水道向哪一方向建造，水流就向哪一方向流動。

4 性，就是心體；情，就是心用。本體微妙而難以感知，但是發用則顯而易見，君子在學習當中，都是循著發用以體悟其本體。

說法。』難道我冤誣了陽明嗎？」

告子曰：「性猶湍水也。」決諸東方則東流，決諸西方則西流，請問東流西流，是不是就用上言之？請問水之流東流西，能否逃出力學公例？我說「性猶湍水也」五個字，換言之，即是心理變化，循力學公例而行。似乎不是穿鑿附會。

陽明曰：「性，心體也；情，心用也。」世之言心言性者，因為「體」不可見，故只就「用」上言之，因為「性」不可見，故只就「情」上言之。孟子曰：「孩提之童，無不知愛其親也。」又曰：「今人乍見孺子將入於井，皆有怵惕惻隱之心。」皆是就「情」上言之。也即是就「用」上言之。由此知：孟子所謂性善者，乃是據情之善。因以斷定性之善。試問人與人的感情，是否純有善而無惡？所以孟子的話，就會發生問題，故陽明易之曰：「有善有惡，意之動。」意之動即用也，即情也。陽明的學力，比孟子更深，故其說較孟子更圓滿。

王陽明從性善說悟入，我從性惡說悟入，同到無善無惡而止。我同人講厚黑學，等於用手指月，人能循著手看去，就可以看見天上之月，人能循著厚黑學研究去，就可以窺見人性之真相。常有人執著厚黑二字，同我刺刺不休，等於在我手上尋月，真可謂天下第一笨人。我的厚黑學拿與此等人讀，真是罪過。

卷四

兩月前成都某報總編輯對我說：「某君在宴會席上說道：『李宗吾做了一篇〈我對於聖人之懷疑〉，把孔子的面子太傷了。』」我當著一文痛駁之。靜待至今，寂然無聞，究竟我那篇文字，對於孔子的面子，傷莫有傷，尚待討論，原文於民國十六年載入拙著《宗吾臆談》內，某君或許只聽人談及，未曾見過，故無從著筆。茲特重揭報端，凡想打倒厚黑教主者，快快的聯合起來。原文如下：

我先年對於聖人，很為懷疑，細加研究，覺得聖人內面有種種黑幕，曾做了一篇

「聖人之黑幕」。民國元年，本想與厚黑學同時發表，因為厚黑學還未登載完，已經眾議嘩然，這篇文字更不敢發表了，只好藉以解放自己的思想。現在國內學者，已經把聖人攻擊得體無完膚，中國的聖人，已是日暮途窮。我幼年曾受過他的教育，本不該乘聖人之危，墜井下石，但我要表明我思想之過程，不妨把當日懷疑之點略說一下。底稿早不知拋往何處，只把大意寫出來。

世間頂怪的東西，要算聖人，三代以上，產生最多，層見疊出，同時可以產出許多聖人，三代以下，就絕了種，並莫產生一個。秦漢而後，想學聖人的，不知有幾千百萬人，結果莫得一個成為聖人，最高的不過到了賢人地位就止了。請問聖人這個東西，究竟學得到學不到？如說學得到，秦漢而後，有那麼多人學，至少也該出一個聖人。如果學不到，我們何苦朝朝日日，讀他的書，拚命去學。

三代上有聖人，三代下無聖人，這是古今最大怪事。我們通常所稱的聖人，是堯舜、禹湯、文武、周公、孔子。我們把他分析一下，只有孔子一人是平民，其餘的聖人，盡是開國之君，並且是後世學派的始祖，他的破綻，就現出來了。

原來周秦諸子，各人特創一種學說，自以為尋著真理了，自信如果見諸實行，立可救國救民，無奈人微言輕，無人信從。他們心想，人類通性，都是聳慕權勢的，凡是有權勢的人說的話，人人都肯聽從，世間權勢之大者，莫如人君，尤莫如開國之君；兼之那個時候的書，是竹簡做的，能夠得書讀的很少，所以新創一種學說的人，都說道，我這種主張：是見之書上，是某個開國之君遺傳下來的。於是道家託於黃帝，墨家託於大禹，倡並耕的託於神農，著本草的也託於神農，著醫書的、著兵書的，俱託於黃帝。此外百家雜技，與夫各種發明，無不託始於開國之君。孔子生當其間，當然也不能違背這個公例。他所託的更多，堯舜禹湯、文武之外，更把魯國開國的周公加入，所以他是集大成之人。周秦諸子，每人都是這個辦法，拿些嘉言懿行，與古帝王加上去，古帝王坐享大名，無一個不成為後世學派之祖。

周秦諸子，各人把各人的學說發布出來，聚徒講授，各人的門徒，都說我們的先生是個聖人。原來聖人二字，在古時並不算高貴，依《莊子．天下篇》所說，聖人之上，還有天人、神人、至人等名稱，聖人列在第四等，聖字的意義，不過是「聞聲知情，事無不通」罷了，只要是聰明通達的人，都可呼之為聖人，猶之古時的朕字一般，人人都稱得，後來把朕字、聖字收歸御用，不許凡人冒稱，朕字聖字才高貴起來。周秦諸子的門徒，尊稱自己的先生是聖人。也不為僭妄。孔子的門徒，說孔子是聖人，孟子的門徒，說孟子是聖人，老莊楊墨諸人，當然也有人喊他為聖人。到了漢武帝的時候，表章六經，罷黜百家，從周秦諸子中把孔子挑選出來，承認他一人是聖人，諸子是聖人名號，一齊削奪，孔子就成為御賜的聖人了。孔子既成為聖人，他所尊崇的堯舜禹湯、文武周公，當然也成為聖人。所以中國的聖人，只有孔子一人是平民，其餘的都是開國之君。

周秦諸子的學說，要依託古之人君，也是不得已而為之。這可舉例證明：南北朝有個張士簡，把他的文字拿與虞訥看，虞訥痛加詆斥。隨後士簡把文改作，托名沈約，又拿與虞訥看，他就讀一句，稱讚一句。[1]清朝陳修園，著了一本《醫學三字經》，起初託名葉天士，及到其書流行了，才改歸己名，有修園的自序可證。從上列兩事看來，假使周秦諸子不依託開國之君，恐怕他們的學說早已消滅，豈能傳到今日？周秦諸子，志在救世，用了這種方法，他們的學說，才能推行，後人受賜不少。我們對於他是應該感謝的，但是為研究真理起見，他們的內幕是不能不揭穿。

孔子之後，平民之中，也還出了一個聖人，此人就是人人知道的關羽。凡人死了，事業就完畢，惟有關羽死了過後，還幹了許多事業，竟自掙得聖人的名號，又著有《桃園經》、《覺世真經》等書，流傳於世。孔子以前那些聖人的事業與書籍，我想恐怕也與關羽差不多。

現在鄉僻之區偶然有一人得了小小富貴，講因果的，就說他陰功積得多，講堪輿的，就說他墳地葬得好，看相的、算命的，就說他面貌生庚與眾不同。我想古時的人心，與現在差不多，大約也有講因果的人，看那些開基立國的帝王，一定說他品行如何好，道德如何好。這些說法流傳下來，就成為周秦諸子著書的材料了。兼之，凡人皆有我見，心中有了成見，眼中所見東西，就會改變形象，帶綠色眼鏡的人，見凡物皆成綠色；帶黃眼鏡的人，見凡物皆成黃色。周秦諸子，創了一種學說，用自己的眼光去觀察古人，古人自然會改變形象，恰與他的學說符合。

我們權且把聖人中的大禹提出來研究一下。他腓無胈，脛無毛，憂其黔首，顏色黎墨[2]，宛然是摩頂放踵的兼愛家。韓非子說：「禹朝諸侯於會稽，防風氏之君後至

---

1 該典故為張士簡寫了二十多首賦，虞訥見了毀謗它。張士簡於是把這些賦改寫為詩再給虞訥看，推託是南朝著名文人沈約的作品，虞訥就句句加以嗟嘆讚賞。張率卻說：「這是我寫的呀！」虞訥聽了，慚愧地離去了。

2 大禹治水時，腳每日泡在水中，辛苦至極，以至於腿上都生不出腿毛；由於擔憂天下百姓，勞苦過甚，因此形容枯槁。

而禹斬之。」[1]他又成了執法如山的大法家。孔子說：「禹，吾無間然矣。菲飲食而致孝乎鬼神，惡衣服而致美乎黻冕，卑宮室而盡力乎溝洫。」[2]儼然是恂恂儒者，又帶點棲棲不已[3]的氣象。讀魏晉以後禪讓文，他的行徑，又與曹丕、劉裕諸人相似。宋儒說他得了危微精一[4]的心傳，他又成了一個析義理於毫芒的理學家。雜書上說他娶塗山氏女，是個狐狸精，彷彿是《聊齋》上的公子書生。說他替塗山氏造敷面的粉，又彷彿是畫眉的風流張敞[5]。又說他治水的時候，驅遣神怪，又有點像《西遊記》上的孫行者，《封神榜》上的姜子牙。據著者的眼光看來，他始而忘親事仇，繼而奪仇人的天下，終而把仇人逼死蒼梧之野[6]簡直是厚黑學中重要人物。他這個人，光怪陸離，真是莫名其妙。其餘的聖人，其神妙也與大禹差不多。我們略加思索，聖人的內幕，也就可以了然了。因為聖人是後人幻想結成的人物，各人的幻想不同，所以聖人的形狀有種種不同。

我做了一本《厚黑學》，從現在逆推到秦漢是相合的，又逆推到春秋戰國，也是相合的，可見從春秋以至今日，一般人的心理是相同的。再追溯到堯舜禹湯、文武周公，就覺得他們的心理神妙莫測，盡都是天理流行，惟精惟一，厚黑學是不適用的。大家都說三代下人心不古，彷彿三代上的人心，與三代下的人心，成為兩截了，豈不是很奇的事嗎？其實並不奇。假如文景之世[7]，也像漢武帝的辦法，把百家罷黜了，單留老子一人，說他是個聖人，老子推崇的黃帝，當然也是聖人，於是乎平民之中，只有老子一人是聖人，開國之君，只有黃帝一人是聖人。老子的心，「微妙玄通，深不可識」。黃帝的心，也是「微妙玄通，深不可識」。「其政悶悶，其民淳淳」。[8]黃帝而後，人心就不古了，堯奪哥哥的天下，舜奪婦翁的天下，禹奪仇人的天下，成

---

1 大禹在會稽山上接受各方諸侯的朝拜，防風國的國君遲到了，被大禹處死。

2 孔子說：「對於禹王，我沒有可非議的，禹王一生飲食菲薄節約，祭祀祖先卻盡全力，準備豐盛潔淨的祭品，致上最誠摯的孝心。平常穿的衣服很粗惡，上朝穿戴的禮服禮帽，卻講究華美莊嚴。居住的宮室低矮，卻盡力在百姓息息相關的溝洫工程。對禹王，我實在沒任何非議的了！」

3 棲棲不已：忙碌奔走，無暇安居的樣子。

4 出自《尚書．大禹謨》：「人心惟危，道心惟微，惟精惟一，允執厥中」。意思是，人心是危險難測的，道心是幽微難明的，只有自己一心一意，精誠懇切的秉行中正之道，才能治理好國家。

5 漢人張敞為妻子畫眉，比喻夫妻恩愛情深。

6 根據《竹書紀年》記載，禹的父親鯀治水失敗被舜處死，禹和舜有殺父之仇，禹在治水過程中不斷培植自己的勢力。治水成功後，禹發動政變，將舜流放到南方的蒼梧之野，成功奪權上臺。

7 漢文帝和漢景帝統治時期。

8 政治寬厚清明，人民就淳樸忠誠。

湯文武以臣叛君，周公以弟殺兄。我那本《厚黑學》，直可逆推到堯舜禹而止。三代上的人心，三代下的人心，就融成為一片了。無奈再追溯上去，黃帝時代的人心，與堯舜而後的人心，還是要成為兩截的。

假如老子果然像孔子那樣際遇，成了御賜的聖人，我想孟軻那個亞聖名號，一定會被莊子奪去，我們讀的四子書，一定是《老子》、《莊子》、《列子》、《關尹子》，所讀的經書，一定是《靈樞》、《素問》，孔孟的書與管、商、申、韓的書，一齊成為異端，東諸高閣，不過遇著好奇的人，偶爾翻來看看，《大學》、《中庸》在《禮記》內，與《王制》、《月令》並列。人心惟危十六字，混在曰若稽古[1]之內，也就莫得什麼精微奧妙了。後世講道學的人，一定會向《道德經》中「玄牝之門」[2]埋頭鑽研，一定又會造出天玄人玄、理牝欲牝種種名詞，互相討論。依我想聖人的真相，不過如是。

儒家的學說，以仁義為立足點，定下一條公例：行仁義者昌，不行仁義者亡。古今成敗，能合這個公例的，就引來做證據，不合這個公例的，就置諸不論。舉個例來說，太史公〈殷本紀〉說：「西伯歸，乃陰修德行善。」[3]〈周本紀〉說：「西伯陰行善。」一連下兩個陰字，其作用就可想見了。〈齊世家〉更直截了當地說道：「周西伯昌之脫羑里歸，與呂尚陰謀修德以傾商政，其事多兵權與奇計。」[4]可見文王之行仁義，明明是一種權術，何嘗是實心為民？儒家見文王成了功，就把他推尊得了不得。徐偃王[5]行仁義，漢東諸侯，朝者三十六國，荊文王惡其害己也，舉兵滅之。這是行仁義失敗了的，儒者就絕口不提。他們的論調完全與鄉間講因果報應的一樣，見人富貴，就說他積得有陰德；見人觸電器死了，就說他忤逆不孝，推其本心，固是勸人為善，其實真正的道理，並不是那麼樣。

古來的聖人，真是怪極了，虞芮質成[6]，腳踏了聖人的土地，立即洗心革面，聖

1 探求古聖先賢之道。

2 出自《道德經》，是謂天地之根。

3 相較於紂王的暴虐，西伯回到自己的屬國後，便暗地裡修養德行，推行善政。

4 「周西伯昌」從「羑里」脫身回國後，與「呂尚」暗中謀劃如何推行德政以推翻商朝政權，其中很多是用兵的權謀和奇計。

5 西周時期徐國的國君，他在位的時期，徐國非常強盛。

6 虞、芮兩小國為爭田地多年未解，決定請周文王主持公道。來到文王國境，見人們互讓田界，互相讓路，朝廷卿、大夫、士各守其職。兩國君主見狀嘆息，感慨自己無氣度，不值得在有胸襟之邦停留。慚愧地回國後，雙方不再爭訟，原先的爭執田地成了閒田。

人感化人，有如此的神妙。我不解管蔡[1]的父親是聖人、母親是聖人、哥哥弟弟是聖人，四面八方被聖人圍住了，何以中間會產生鴟鴞[2]？清世宗呼允禩為阿其那，允禟為塞思赫，翻譯出來，是豬狗二字。這個豬狗的父親是聖人、哥哥是聖人、侄兒也是聖人。鴟鴞豬狗，會與聖人錯雜而生，聖人的價值，也就可以想見了。

李自成是個流賊，他進了北京，尋著崇禎帝后的屍，載以宮扉，盛以柳棺，放在東華門，聽人祭奠。武王是個聖人，他走至紂死的地方，射他三箭，取黃鉞把頭斬下來，懸在太白旗上，他們爺兒，曾在紂名下稱過幾天臣，做出這宗舉動，他的品行，連流賊都不如，公然也成為惟精惟一的聖人，真是妙極了。假使莫得陳圓圓[3]那場公案，吳三桂投降了，李自成豈不成為太祖高皇帝嗎？他自然也會成為聖人，他那闖太祖本紀所載深仁厚澤，恐怕比〈周本紀〉要高幾倍。

太王實始翦商[4]，王季、文王繼之，孔子稱武王纘[5]太王、王季、文王之緒，其實與司馬炎纘懿師昭[6]之緒何異？所異者，一個生在孔子前，得了世世聖人之名，一個生在孔子後，得了世世逆臣之名。

後人見聖人做了不道德的事，就千方百計替他開脫，到了證據確鑿，無從開脫的時候，就說書上的事跡出於後人附會。這個例是孟子開的。他說：以至仁伐至不仁[7]，斷不會有流血的事，就斷定〈武成〉上血流漂杵[8]那句話是假的。我們從殷民三叛[9]、〈多方〉、〈大誥〉那些文字看來，可知伐紂之時，血流漂杵不假，只怕「以至仁伐不仁」那句話有點假。

子貢曰：「紂之不善，不如是之甚也。是以君子惡居下流，而天下之惡皆歸

1 管叔鮮與蔡叔度。兩人皆為周武王之弟，武王死，聯同紂王兒子武庚叛變，周公將其討平，管叔被殺，蔡叔被放逐。

2 惡鳥。

3 據傳李自成攻破北京時，擄走陳圓圓，吳三桂「衝冠一怒為紅顏」，遂引清兵入關，攻破李自成，孰料一發不可收拾，給了滿清入主中原的良機。

4 太王即古公亶父，是周王朝的奠基人，由他開始策畫滅商的準備。

5 繼承。

6 指司馬懿、司馬師、司馬昭。

7 指武王伐紂一事。極為仁慈的周武王，討伐極不仁慈的商紂王。孟子的意思為，「極為仁慈的周武王討伐不仁的商紂王，怎麼會血流成河呢？」懷疑《尚書》記載的真實性。

8 出自《書經．武成》，指被殺的人很多，所流的血足以浮起木杵。

9 根據史書記載，商紂王統治時期，暴虐和荒淫行為引起了民憤，導致了三次大規模的叛亂。

焉。」[1]我也說：「堯舜禹湯、文武周公之善，不如是之甚也。是以君子願居上流，而天下之美皆歸焉。」[2]若把下流二字改作失敗，把上流二字改作成功，更覺確切。

古人神道設教，祭祀的時候，叫一個人當屍，向眾人指說：「這就是所祭之神。」眾人就朝著他磕頭禮拜。同時又以聖道設教，對眾人說：「我的學說，是聖人遺傳來的。」有人問：「哪個是聖人？」他就順手指著堯、舜、禹、湯、文、武、周公說道：「這就是聖人。」眾人也把他當如屍一般，朝著他磕頭禮拜。後來進化了，人民醒悟了，祭祀的時候，就把屍撤消，惟有聖人的迷夢，數千年未醒，堯舜禹湯、文武周公，竟受了數千年的崇拜。

講因果的人，說有個閻王，問閻王在何處？他說：「在地下。」講耶教的人，說有個上帝，問上帝在何處？他說：「在天上。」講理學的人，說有許多聖人，問聖人在何處？他說：「在古時。」這三種怪物，都是只可意中想象，不能目睹，不能證實。惟其不能證實，他的道理就越是玄妙，信從的人就越是多。在創這種議論的人，本是勸人為善，其意固可嘉，無如事實不真確，就會生出流弊。因果之弊，流為拳匪，聖人之弊，使真理不能出現。

漢武帝把孔子尊為聖人過後，天下的言論，都折衷於孔子，不敢違背。孔融對於父母問題略略討論一下，曹操就把他殺了。嵇康非薄湯武[3]，司馬昭也把他殺了。儒教能夠推行，全是曹操、司馬昭一般人維持之力。後來開科取士，讀書人若不讀儒家的書，就莫得進身之路。一個死孔子，他會左手拿官爵，右手拿鋼刀，哪得不成為萬世師表？宋元明清學案中人，都是孔聖人馬蹄腳下人物，他們的心坎上，受了聖人的摧殘，他們的議論，焉得不支離穿鑿？焉得不迂曲難通？

中國的聖人，是專橫極了，他莫有說過的話，後人就不敢說，如果說出來，眾人就說他是異端，就要攻擊他。朱子發明了一種學說，不敢說是自己發明的，只好把孔門的格物致知加一番解釋，說他的學說是孔子嫡傳，然後才有人信從。王陽明發明一種學說，也只好把格物致知加一番新解釋，以附會己說，說朱子講錯了，他的學說，

1　紂王的無道，並不像所傳說的那麼厲害。所以君子最討厭自己身上有污點，一旦有污點，人們就會把所有的壞事都集中到他身上。

2　此處李宗吾改寫為道統中的「聖人」——堯、舜、禹、湯、文、武、周公也並非如此美好，是人們放大的。

3　嵇康在《與山巨源絕交書》中寫「非湯武而薄周孔」，司馬昭正是因為這篇文章而殺害了嵇康。湯、武武定天下，周公輔佐成王，孔子祖述禪讓天下的堯舜，嵇康都說不好，而讓篡位的司馬昭懷恨在心。

才是孔子嫡傳。本來朱王二人的學說，都可以獨樹一幟，無須依附孔子，無如處於孔子勢力範圍之內。不依附孔子，他們的學說，萬萬不能推行。他二人費盡心力去依附，當時的人，還說是偽學，受重大的攻擊，聖人專橫到了這個田地，怎麼能把真理研究得出來？

韓非子說得有個笑話：郢人[1]致書於燕相國，寫書的時候，天黑了，喊：「舉燭。」寫書的人，就寫上舉燭二字，把書送去。燕相得書，想了許久，說道：舉燭是尚明，尚明是任用賢人的意思。以此說進之燕王。燕王用他的話，國遂大治。雖是收了效，卻非原書本意。所以韓非說：先王有郢書，後世多燕說[2]。究竟格物致知四字作何解釋，恐怕只有手著《大學》的人才明白，朱王二人中，至少有一人免不脫「郢書燕說」的批評。豈但格物致知四字，恐怕《十三經註疏》[3]、《皇清經解》、宋元明清學案內面許多妙論，也逃不脫「郢書燕說」的批評。

學術上的黑幕，與政治上的黑幕，是一樣的。聖人與君主，是一胎雙生的，處處狼狽相依。聖人不仰仗君主的威力，聖人就莫得那麼尊崇。君主不仰仗聖人的學說，君主也莫得那麼猖獗。於是君主把他的名號分給聖人。聖人就稱起王來了。聖人把他的名號分給君主，君主也稱起聖來了。君主箝制人民的行動，聖人箝制人民的思想。

君主任便下一道命令，人民都要遵從；如果有人違背了，就算是大逆不道，為法律所不容。聖人任便發一種議論，學者都要信從；如果有人批駁了，就算是非聖無法，為清議[4]所不容。中國的人民，受了數千年君主的摧殘壓迫，民意不能出現，無怪乎政治紊亂。中國的學者，受了數千年聖人的摧殘壓迫，思想不能獨立，無怪乎學術消沉。因為學說有差誤，政治才會黑暗，所以君主之命該革，聖人之命尤其該革。

我不敢說孔子的人格不高，也不敢說孔子的學說不好，我只說除了孔子，也還有人格，也還有學說。孔子並莫有壓制我們，也未嘗禁止我們別創異說，無如後來的人，偏要抬出孔子，壓倒一切，使學者的思想不敢出孔子範圍之外。學者心坎上，被孔子盤踞久了，理應把他推開，思想才能獨立，宇宙真理才研究得出來。前時，有人

1 楚國人。

2 韓非告誡人們要防止出現「郢書燕說」現象，讀書要正確理解原意，不可胡亂猜度、望文生義、穿鑿附會、斷章取義。

3 是儒家核心文獻，注疏書籍包含《周易》、《尚書》、《毛詩》、《周禮》、《儀禮》、《禮記》、《春秋左傳》、《春秋公羊傳》、《春秋穀梁傳》、《孝經》、《論語》、《爾雅》、《孟子》十三經。

4 對時政或政治人物的議論、輿論。

把孔子推開了，同時達爾文諸人就闖進來，盤踞學者心坎上，天下的言論，又熱衷於達爾文諸人，成一個變形的孔子，執行聖人的任務。有人違反了他們的學說，又算是大逆不道，就要被報章雜誌罵個不休。如果達爾文諸人去了，又會有人出來執行聖人的任務。他的學說，也是不許人違反的。依我想，學術是天下公物，應該聽人批評，如果我說錯了，改從他人之說，於我也無傷，何必取軍閥態度，禁人批評。

凡事以平為本。君主對於人民不平等，故政治上生糾葛。聖人對於學者不平等，故學術上生糾葛。我主張把孔子降下來，與周秦諸子平列，我與閱者諸君一齊參加進去，與他們平坐一排，把達爾文諸人歡迎進來，分庭抗禮，發表意見，大家蹉商，不許孔子、達爾文諸人高踞我們之上，我們也不高踞孔子、達爾文諸人之上，人人思想獨立，才能把真理研究得出來。

我對於聖人既已懷疑，所以每讀古人之書，無在不疑。因定下讀書三訣，為自己用功步驟。茲附錄天下：

第一步，以古為敵：讀古人之書，就想此人是我的勁敵，有了他，就莫得我，非與他血戰一番不可。逐處尋他縫隙，一有縫隙，即便攻入；又代古人設法抗拒，愈戰愈烈，愈攻愈深。必要如此，讀書方能入理。

第二步，以古為友：我若讀書有見，即提出一種主張，與古人的主張對抗，把古人當如良友，互相切磋。如我的主張錯了，不妨改從古人；如古人主張錯了，就依著我的主張，向前研究。

第三步，以古為徒：著書的古人，學識膚淺的很多。如果我自信學力在那些古人之上，不妨把他們的書拿來評閱，當如評閱學生文字一般。說得對的，與他加幾個密圈；說得不對的，與他劃幾根杠子。世間俚語村言，含有妙趣的尚且不少，何況古人的書，自然有許多至理存乎其中。我評閱越多，智識自然越高，這就是普通所說的教學相長了。如遇一個古人，智識與我相等，我就把他請出來，以老友相待，如朱晦庵[1]待蔡元定[2]一般。如遇有智識在我上的，我又把他認為勁敵，尋他縫隙，看攻得進攻不進。

我雖然定下三步功夫，其實並莫有做到，自己很覺抱愧。我現在正做第一步功夫，想達第二步，還未達到。至於第三步，自量終身無達到之一日。譬如行路，雖然

1 朱熹。
2 為南宋理學家，是朱熹理學的主要創建者之一，有「朱門領袖」之稱。

把路徑尋出，無奈路太長了，腳力有限，只好努力前進，走一截算一截。

以上就是〈我對聖人之懷疑〉的原文。這原是我滿清末年的思想，民國十六年才整理出來，刊入《宗吾臆談》內。因為有了這種思想，才會發明厚黑學。此文同《厚黑學》，在我的思想上，算是破壞工作。自民國九年著〈心理與力學〉起，以後的文字，算是我的建設工作。而〈心理與力學〉一文，是我全部思想的中心點。

民國九年，我定出一條公例：心理變化，循力學公例而行。又繪出甲乙兩圖，以後一切議論，都以之為出發點。批評他人的學說，就以之為基礎，合得到這個方式的，我就說他對，合不到的，我就說他不對。這是我自己造出一把尺子，用以度量萬事萬物。我也自知不脫我見，但我開這間鋪子，是用的這把尺子，不能不向眾人聲明。

我們試就甲乙兩圖，來研究孟、荀、楊、墨四家的學說：孟子講差等之愛，層層放大，是很合天然現象的，便他言「親親而仁民，仁民而愛物」[1]與夫「老吾老，以及人之老」[2]一類話，總是從第二圈說起走，對於第一圈之我，則渾而不言。楊子主張為我，算是把中心點尋出了，他卻專在第一圈之我字上用功，第二以下各圈，置之不論。墨子摩頂放踵，是拋棄了第一圈之我，他主張愛無差等，是不分大圈小圈，統畫一極大之圈了事。楊子有了小圈，就不管大圈；墨子有了大圈，就不管小圈。他兩家都不知：天然現象是大圈小圈層層包裹的。孟荀二人，把層層包裹的現象看見了，但孟子說是層層放大，荀子說是層層縮小，就不免流於一偏了。我們取楊子的我字，作為中心點，在外面加一個差等之愛，就與天然現象相合了。孟言性善，荀言性惡，楊子為我，墨子兼愛，我們只用擴其為我之心一語，就可將四家學說折衷為一。

孟子言「乍見孺子將入於井，皆有怵惕惻隱之心」。怵惕是自己畏死，惻隱是憫人之死。孟子知道人之天性，能因自己畏死，就會憫人之死，怵惕自然會擴大為惻隱，因教人再擴大之，推至於四海。道理本是對的，只因少說了一句：惻隱是從怵惕擴充出來，又未把我與孺子同時將入井，此心作何狀態提出來討論，以致生出宋明諸儒的誤會，以為人之天性一發出來，就是惻隱，忘卻惻隱之上還有怵惕二字。一部宋元明清學案，總是盡力發揮惻隱二字，把怵惕二字置之不理，就流弊百出了。

怵惕是利己心之表現，惻隱是利人心之表現。怵惕擴大即為惻隱，利己擴大即為

1 親愛親人而仁愛百姓，仁愛百姓而愛惜萬物。

2 尊敬自己的長輩，爾後也去尊敬其他老人。

利人。荀子知人有利己心，故倡性惡說；孟子知人有利人心，故倡性善說。我們可以說：荀子的學說，以怵惕為出發點；孟子的學說，以惻隱為出發點，譬如竹子，怵惕是第一節，惻隱是第二節。孟子的學說，叫人把利人心擴充出來，即是從第二節生枝發葉。荀子的學說，主張把利己心加以制裁，是怕他在第一節就生枝發葉橫起長，以致生不出第二節。兩家都是勉人為善，各有見地，宋儒揚孟而抑荀，未免不對。我解釋《厚黑經》，曾經：「漢高祖之分杯羹，唐太宗之殺建成、元吉，是充其本然之厚黑。」這即是竹子在第一節，就生枝發葉橫起長。

王陽明《傳習錄》說：「孟子從源頭上說來，荀子從流弊說來。」荀子所說，是否流弊，姑不深論，怵惕之上，有無源頭，我們也不必深求，惟孟子所講之惻隱，則確非源頭。怵惕是惻隱之源，惻隱是怵惕之流。陽明所下流源二字，未免顛倒了。

孟子的學說，雖不以怵惕為出發點，但人有為我之天性，他是看清了的，怵惕二字，是明明白白提出了的。他對齊宣王說：「王如好貨，與民同之。」又說：「王如好色，與民同之。」[1]知道自己有一個我，同時又顧及他人之我，這本是孟子學說最精粹處。無奈後儒乃以為孟子這類話，是對時君而言，叫人把好貨好色之根搜除盡淨，別求所謂危微精一者，真是捨了康莊大道不走，反去攀援絕壁，另尋飛空鳥道來走。

孟子說：「老吾老，以及人之老；幼吾幼，以及人之幼。」又說：「人人親其親長其長而天下平。」吾字其字，俱是我字的代名詞。孟子講學，不脫我字；宋儒講學，捨去我字。所以孟子的話，極近人情；宋儒的話，不近人情。例如程子[2]說：「婦人餓死事小，失節事大。」[3]這是捨去了我字。韓昌黎《羑里操》[4]說：「臣罪當誅兮天王聖明。」[5]程子很為嘆賞，這也是捨去了我字。其原因就由宋儒讀孺子將入井章，未能徹底研究，其弊流於自己已經身在井中，宋儒還怪他不救孺子。諸君試取宋儒語錄及胡致堂著的《讀史管見》[6]讀之，處處可見。

1 孟子對齊宣王說，國王如果愛錢，老百姓也愛錢。又說國王如果好色，能想到老百姓也好色。
2 程頤。
3 程頤的觀念認為夫婦應該從一而終，貧困餓死是小事，但寡婦再婚而失去對元配丈夫的忠誠，是更嚴重的事。
4 羑里位於現今中國河南省，為商紂囚禁周文王的地方。
5 臣罪當誅，天王聖明：臣下罪該萬死，皇上是聖明天子。形容舊時臣下對皇上的愚忠。
6 本書評價了《資治通鑑》所記述的從三家分晉至五代十國的歷史。

孟子的學說，不脫我字，所以敢於說：「聞誅一夫紂矣，未聞弒君也。」[1]敢於說：「民為貴，社稷次之，君為輕。」[2]敢於說：「君視臣如草芥，則臣視君如寇仇。」宋儒的學說，捨去我字，不得不說：「臣罪當誅，天王聖明。」

宋儒創出「去人欲存天理」[3]之說，天理隱貼惻隱二字，把他存起，自是很好，惟人欲二字，界說不清。其流弊至於把怵惕認為人欲，想盡法子去鏟除，甚至有身蹈危階，練習不動心，這即是鏟除怵惕的工作。於是「去人欲存天理」變成了「去怵惕存惻隱」。試思：怵惕為惻隱的來源，把怵惕去了，怎樣會有惻隱？何以故呢？孺子為我身之放大形。惻隱為怵惕之放大形，我者圓心也，圓心既無，圓形安有？怵惕既無，惻隱安有？宋儒呂希哲[4]目睹轎夫墜水淹死，安坐轎中，漠然不動。張魏公苻離之敗[5]，死人三十萬，他終夜鼾聲如雷，其子南軒，還誇其父心學很精。宋儒自稱上承孟子之學，孟子曰：「今有同室之人鬥者救之，雖被髮纓冠而救之可也。」[6]呂希哲的轎夫，張魏公的部下，當然要算同室之人，像他們這樣漠不動心，未免顯違孟氏家法。大凡去了怵惕的人，就會流於殘忍，殺人不眨眼的惡匪，身臨刑場，往往談笑自若，就是明證。

我們研究古今人之學說，首先要研究他對於人性之觀察，因為他對於人性是這樣的觀察，所以他的學說，才有這樣的主張。把他學說的出發點尋出了，才能批評他的學說之得失。

小孩與母親發生關係，共有三個場所：(1)一個小孩，一個母親，一個外人，同在一處，小孩對乎母親格外親愛。這個時候，可以說小孩愛親；(2)一個小孩，一個母親，同在一處，小孩對乎母親依戀不捨。這個時候，可以說小孩愛親；(3)一個小孩，一個母親，同在一處，發生了利害衝突，例如：有一塊糕餅，母親吃了，小孩就莫得吃，母親放在口中，小孩就伸手取來，放在自己口中。這時候，斷不能說小孩愛親。

---

1 出自孟子與齊宣王的對話。齊宣王對歷史上「武王伐紂」一事，其「臣弒君」的事實而提問孟子，孟子回應說：只要國王違反了仁義，就叫「賊」，人們無需視其為國君。所以孟子說：「只有聽說過殺了一個人，沒聽說過有人殺害國王。」孟子由此帶出仁義對君主的重要性。

2 百姓最重要，國家其次，國王最後。

3 一個人為了崇高的理想和目標，就要犧牲多餘的欲望。

4 北宋邵雍學派門人。邵雍以《皇極經世書》聞名於世，朱熹也深受邵雍影響。

5 張魏公，本名張浚，南宋抗金將領。苻離之戰是宋金戰爭中的一次重要戰役，以張浚為都督主持北伐。結果南宋敗給金朝。

6 現在自家人互相打鬥，即使披頭散髮也該去救他們。

孟子看見前兩種現象，忘了第三種，故創性善說。荀子看見第三種現象忘了前兩種，故創性惡說。宋儒卻把三種現象同時看見，但不知這三種現象原是一貫的，乃造出氣質之性[1]的說法，隱指第三種現象；又用義理之性[2]四字，以求合於孟子的性善說。人的性只有一個，宋儒又要顧孟子，又要顧事實，無端把人性分而為二，越講得精微，越不清。

孟子創性善說，以為凡人都有為善的天性，主張把善念擴充之以達於天下。荀子創性惡說，以為凡人都有為惡的天性，主張設法制裁，使不至為害人類。譬諸治水，孟子說水性向下，主張疏瀹[3]，使之向下流去。孟子喜言詩，詩者宣導人之意志，此疏瀹之說也。荀子說水會旁溢，主張築堤，免得漂沒人畜。荀子喜言禮，禮者約束人之行止，此築堤之說也。告子曰：「性猶湍水也。」治水者疏瀹與築堤二者並用。我們如奉告子之說，則知孟荀二家的學說可以同時並用。

蘇東坡作〈荀卿[4]論〉，以為：荀卿是儒家，何以他的門下會有李斯[5]，很為詫異，其實不足怪。荀卿以為人之性惡，當用禮以制裁之。其門人韓非，以為禮之制裁力弱，不若法律之制裁力大，於是改而為刑名之學，主張嚴刑峻法，以制止軌外的行動。李斯與韓非同門，故其政見相同。我們提出性惡二字，即知荀卿之學變而為李斯，原是一貫的事。所以說：要批評他人的政見，當先考察他對於人性之觀察。蘇東坡不懂這個道理，所以他全集中論時事，論古人，俱有卓見，獨於這篇文字，未免說外行話。

學問是進化的，小孩對於母親有三種現象，孟子只看見前兩種，故倡善性說；荀子生在孟子之後，看見第三種，故倡性惡說；宋儒生在更後，看得更清楚，看見小孩搶奪母親口中糕餅的現象，故倡物欲說。這物欲二字，是從《禮記》上「感於物而動，性之欲也」兩句話生出來的。物者何？母親口中糕餅是也。感於物而動，即是看見糕餅，即伸手去搶也。宋儒把三種現象同時看見，真算特識。所以朱子註孟子，敢於說：「以事理考之，程子較孟子為密。」其原因就是程子於性字之外，發明了一

1 宋張載最先將人性分為天地之性與氣質之性，前者是純善的，後者有善有不善。

2 義理之性是理學家提出的一種純善的人性，與「氣質之性」相對。

3 疏通洗滌。

4 荀子。

5 秦朝著名的政治家、文學家和書法家。早年為上蔡郡的小吏，負責掌管文書，後和韓非師從荀子學習帝王之術，成為諸子百家中法家學說的代表人物。

個氣字，說道：「論性不論氣不備。」[1]問：「小孩何以會搶母親口中糕餅？」曰：「氣為之也，氣質之性為之也。」宋儒雖把三種現象同時看見，惜乎不能貫通為一。把小孩愛親敬兄認為天理，搶奪母親口中糕餅認為人欲，把一貫之事剖分為二，此不能不待厚黑先生出而說明也。

宋儒造出物欲的名詞之後，自己細思之，還是有點不妥，何也？小兒見母親口中糕餅，伸手去搶，可說感於物而動，但我與孺子同時將入井，此時只有赤裸裸一個怵惕之心，孟子所謂惻隱之心，忽然不見，這是什麼道理呢？要說是物欲出現，而此時並無所謂物，於是又把物欲二字改為人欲。搶母親口中糕餅是人欲，我與孺子同時將入井，我心只有怵惕而無惻隱，也是人欲，在宋儒之意，提出人欲二字，就可把二者貫通為一了。他們這種組織法，很像八股中做截搭題[2]的手筆。我輩生當今日，把天理、人欲、物欲、氣質等字唸熟了，以為吾人心性中，果有這些東西，殊不知這些名詞，是宋儒平空杜撰的。著者是八股先生出身，才把他們的手筆看得出來。

宋儒又見偽古文尚書上有「人心惟危，道心惟微」二語，故又以人心二字替代人欲，以道心二字替代天理。朱子《中庸章句序》曰：「人莫不有是形，故雖上智不能無人心，亦莫不有是性，故雖下愚不能無道心。」[3]無異於說：當小孩的時候，就是孔子也會搶母親口中糕餅，我與孺子同時將入井，就是孔子也是只有怵惕而無惻隱。何以故？雖上智不能無人心故。因為凡人必有這種天性，故生下地才會吃乳，井在我面前，才不會跳下去。朱子曰：「人莫不有是形，雖上智不能無人心。」換言之，即是人若無此種心，世界上即不會有人。道理本是對的，無奈這種說法，已經侵入荀子學說範圍去了。據閻百詩[4]考證：人心惟危十六字，是撰偽古文尚書者，竊取荀子之語，故曰侵入荀子範圍。因為宇宙真理，明明白白擺在我們面前，任何人只要留心觀察，俱見得到，荀子見得到，朱子也見得到，故不知不覺與之相合。無如朱子一心一

1 孟子的人性論中，沒有提到人氣質中所顯的差別和缺陷；而這方面若不涉及，即未真正打開實踐工夫之門。

2 就是將四書五經割裂原意，將上下兩章、兩節互不相關的文句合為一題，或各取半句湊成一題。考生需要從這些似是而非的句子中，迅速的找到其出處，從中找出內在聯繫，並言之有理，考驗考生是否熟記四書五經。

3 人都是形軀之身，所以即使是智者也會有常人之心，也保有天命賦予的天性。所以即使是蠢人，也有天命賦予的道心。

4 本名閻若璩。清初學者，深通經史，長於考證，嘗辨古文尚書之偽。

意，想上繼孟子道統，研究出來的道理，雖與荀子暗合，仍攻之遺餘力，無非是門戶之見而已。

細繹朱子之意，小孩搶母親口中糕餅是人心，愛親敬兄是道心，人心是氣，是人欲；道心是性，是天理。人心是形氣之私，道心是性命之正。這些五花八門的名詞，真把人鬧得頭悶眼花。奉勸讀者，與其讀宋元明清學案，不如讀《厚黑學》，詳玩甲乙二圖，則小孩搶母親口中糕餅也，愛親敬兄也，均可一以貫之，把天、人、理、氣等字一掃而空，豈不大快！

最可笑者，朱子《中庸章句序》又曰：「必使道心常為一身之主，而人心每聽命焉。」主者對僕而言，道心為主，人心為僕。道心者，為聖為賢之心，人心者，好貨好色之心，聽命者，僕人職供驅使，唯主人之命是聽也。細繹朱子之意，等於說，我想為聖為賢，人心即把貨與色藏起，我想吃飯，抑或想「男女居室，人之大倫」，人心就把貨與色獻出來。必如此方可曰：「道心常為一身之主，而人心每聽命焉。」總而言之，宋儒有了性善說横亙胸中，又不願抹煞事實，故創出的學說，無在非迂曲難通。此《厚黑叢話》之所以不得不作也。予豈好講厚黑哉，予不得已也。

怵惕與惻隱，同是一物，天理與人欲也同是一物，猶之煮飯者是火，燒房子者也是火。宋明諸儒，不明此理，把天理人欲看作截然不同之二物，創出去人欲之說，其弊往往流於傷害天理。王陽明《傳習錄》說：「無事時，將好色、好貨、好名等私，逐一追究搜尋出來，定要拔去病根，永不復起，方始為快。常如貓之捕鼠，一眼看著，一耳聽著，才有一念萌動，即與克去，斬釘截鐵，不可姑容，與他方便，不可窩藏，不可放他出路，方是真實用功，方能掃除廓清。」這種說法，彷彿是：見了火會燒房子，就叫人以後看見了一星之火，立即撲滅，斷絕火種，方始為快。《傳習錄》又載：「一友問：『欲於靜坐時，將好名好色好貨等根，逐一搜尋出來，掃除廓清，恐是剜肉做瘡否？』先生正色曰：『這是我醫人的方子，真是去得人病根。更有大本事人，過了十數年，亦還用得著。你如不用，且放起，不要作壞我的方法，是友愧謝。』少間曰：『此量非你事，必吾門稍知意思者，為此說以誤汝。』在坐者皆悚然。」[1]我們試思：王陽明是很有涵養的人，他平日講學，任人如何問難，總是勤勤懇懇的講說，從未動氣。何以門人這一問，他會動氣？何以始終未把那門人誤點指出？又何以承認說這話的人，是稍知意思者呢？因為陽明能把知行二者合而為一，能把明德親民二者合而為一，能把格物、致知、誠意、正心、修身五者看作一事，獨不能把天理、人欲看作一物。這是他學說的缺點，他的門人這一問，正擊中他的要害，所以他就動起氣來了。究竟剜肉做瘡四字，怎樣講呢？肉喻天理，瘡喻人欲，剜肉做瘡，即是把天理認作人欲，去人欲即未免傷及天理。門人的意思即是說：我們如果見了一星之火，即把他撲滅，自然不會有燒房子之事，請問拿什麼東西來煮飯呢？換言之，即是把好貨之心連根去盡，人就不會吃飯，豈不餓死嗎？把好色之心連根去盡，就不會有男女居室之事，人類豈不滅絕嗎？這個問法何等厲害！所以陽明無話可答，只好忿然作色。宋明諸儒主張去人欲存天理，所做的即是「剜肉做瘡」的工作。其學說之不能饜服人心，就在這個地方。

以上一段，是從拙作《社會問題之商榷》第三章〈人性善惡之研究〉中錄出來的，我當日深疑陽明講學極為圓通，處處打成一片，何至會把天理、人欲歧而為二，近閱《龍溪語錄》[2]所載〈天泉證道記〉，錢緒山[3]謂「無善無惡心之體，有善有惡意之動，知善知惡是良知，為善去惡是格物」四語，是師門定本。王龍溪謂：「若悟得心是無善無惡之心，意即是無善無惡之意，知即是無善無惡之知，物即是無善無惡之物。」一時陽明出征廣西，晚坐天泉橋上，二人因質之。陽明曰：「汝中（龍溪字）所見，我久欲發，恐人信不及，徒增躐[4]等之弊，故含蓄到今。此是傳心祕藏，顏子明道所不敢言，今既是說破，亦是天機該發泄時，豈容復祕。」[5]陽明至洪都，門人三百餘人來請益，陽明曰：「吾有向上一機，久未敢發，以待諸君自悟。近被王汝中拈出，亦是天機該發泄時。」明年廣西平，陽明歸，卒於途中。龍溪所說，即是把天

1 一個朋友問先生：「想在靜坐的時候，把好名、好色、好財的病根一一搜尋出來，清除乾淨，只怕也是剜肉補瘡吧？」先生嚴肅地說：「這是我醫人的方子，真的可以清除病根的，還是有大作用的。即使過了十幾年了，也還能產生效用。如果你不用，就暫且把它存起來，別隨便糟蹋了我的方子。」於是朋友滿懷愧疚地道了歉。過了一會兒，先生又說：「想來也不能怪你，一定是我的門人裡那些略微懂一些意思的人告訴你的，反倒耽誤了你的理解。」於是在座的人都覺得汗顏。

2 王龍溪，本名王畿，為王陽明的學生。

3 本名錢德洪，號緒山。明朝中後期哲學家、思想家、教育家。錢德洪是王陽明的學生，與王龍溪齊名。

4 躐等就是逾越等級、不講次序，可能導致混亂。

5 陽明心學的核心爭論出現在「四句教」的宗旨。王龍溪認為心體無善無惡，因此一切相應之物也無善無惡，否則心體不可能是無善無惡的。錢德洪則主張心體本無善惡，但被業習污染後，善惡才在心體上表現出來，修心即是回復本體。兩人無法達成共識，請王陽明裁決。陽明指出兩人都是對的，只是觀點不同，一個談本體，一個談修行。他承認王龍溪戳中了他內心深處的疑慮，心學的真義深奧，他不敢隨意傳授，擔心誤導他人。總結而言，陽明認為一切皆無善無惡，這才是陽明心學的真實實相。他擔心說破了會造成天下大亂。

理、人欲打成一片。陽明直到晚年，才揭示出來，由此知：門人提出「剜肉做瘡」之問，陽明忿然作色，正是恐增門人躐等之弊。《傳習錄》是陽明早年的門人所記，故其教法如此。

錢德洪極似五祖門下的神秀，王龍溪極似慧能，德洪所說，時時勤拂拭也，所謂漸也。龍溪所說，本來無一物也，所謂頓也。陽明曰：「汝中須用德洪工夫，德洪須透汝中本旨，二子之見，止可相取，不可相病。」[1]此頓悟漸修之說也。《龍溪語錄》所講的道理，幾與六祖壇經無異，成了殊途同歸，何也？宇宙真理，只要研究得徹底，彼此所見，是相同的。

就真正的道理來說，把孟子的性善說，荀子的性惡說合而為一，理論就圓滿了。二說相合，即成為告子性無善無不善之說。人問：「孟子的學說，怎樣與荀子學說相合？」我說：「孟子曰：『人少則慕父母，知好色則慕少艾。』[2]荀子曰：『妻子具而孝衰於親。』[3]請問二人之說，豈不是一樣嗎？」孟子曰：「大孝終身慕父母，五十而慕者，予天大舜見之矣。」[4]據孟子所說：滿了五十歲的人，還愛慕父母，他眼中只看見大舜一人。請問人性的真相，究是怎樣？難道孟荀之說不能相合嗎？

性善說與性惡說，既可合而為一，則王陽明之致良知，與李宗吾之厚黑學，即可合而為一。人問：「怎麼可合為一？」我說：「孟子曰：『大孝終身慕父母。』《厚黑經》曰：『大好色終身慕少艾。』孟子曰：『五十而慕父母者，予於大舜見之矣。』《厚黑經》曰：『八百歲而慕少艾者，予於彭祖見之矣。』愛親是不學而能，不慮而知的，好色也是不學而能，不慮而知的。用致良知的方法，能把孩提愛親的天性致出來，做到終身慕父母。同時就可把少壯好色的天性致出來，做到終身慕少艾。昔人說：王學末流之弊，至於蕩檢逾閑[5]，這就是用致良知的方法，把厚黑學致出來的原故。」

依宋儒之意，孩提愛親，是性命之正，少壯好色，是形氣之私。此等說法，真是

---

1 王陽明的裁決是「二君之見正好相取，不可相病。汝中（王龍溪）須用德洪工夫，德洪須透汝中本體」，這是承認了兩人所說都是對的，只不過一個是說工夫，一個是說本體，也就是說王龍溪所說一切無善無惡，確確實實就是真相。

2 人在年幼的時候，愛慕父母；懂得喜歡女子的時候，就愛慕年輕漂亮的姑娘。

3 妻子和子女都在，那麼在孝順父母方面就會懈怠。

4 最孝順的人是終身都愛慕著父母的。到了五十歲還愛慕父母的，我在偉大的舜身上見到了。

5 王學末流捨工夫而談本體，從而使學風流於空談心性、脫離現實，導致行為放蕩，不受禮法的約束。

穿鑿附會。其實孩提愛親，非愛親也，愛其飲我食我也。孩子生下地，即交乳母撫養，則只愛乳母不愛生母，是其明證。愛乳母，與慕少艾，慕妻子，其心理原是一貫的，無非是為我而已。為我為人類天然現象，不能說他是善，也不能說他是惡，故告子性無善無不善之說，最為合理。告子曰：「食色性也。」孩提愛親者，食也，少壯慕少艾慕妻子者，色也。食色為人類生存所必需，求生存者，人類之天性也。故告子又曰：「生之謂性。」

告子觀察人性，既是這樣，則對於人性之處置，又當怎樣呢？於是告子設喻以明之曰：「性猶湍水也，決諸東方則東流，決諸西方則西流。」[1]又曰：「性猶杞柳也，義猶桮也，以人性為仁義，猶以杞柳為桮。」[2]告子這種主張，是很對的。人性無善無惡，也即是可以為善，可以為惡。譬如深潭之水，平時水波不興，看不出何種作用。從東方決一個口，則可以灌田畝，利行舟；從西方決一個口，則可以漂房舍，殺人畜。我們從東方決口好了。又譬如一塊木頭，可制為棍棒以打人，也可製為碗盞裝食物。我們把他製為碗盞好了。這個說法，真可合孟荀而一之。

孟子書中載告子言性者五：曰性猶杞柳也、曰性猶湍水也、曰生之謂性，曰食色性也、曰性無善無不善也，此五者原是一貫的。朱子註〈食色章〉曰：「告子之辯屢屈，而屢變其說以求勝。」[3]自今觀之，告子之說，始終未變，而孟子亦卒未能屈之也。朱子註〈杞柳章〉，以為告子言仁義，必待矯揉而後成[4]，其說非是。而註〈公都子章〉則曰：「氣質所稟，雖有不善，而不害性之本善。性雖本善，而不可以無省察矯揉之功。」[5]忽又提出矯揉二字，豈非自變其說乎？

朱子註〈生之謂性章〉曰：「杞柳湍水之喻，食色無善無不善之說，縱橫繆戾，紛紜舛錯，而此章之誤，乃其本根。」[6]殊不知告子言性者五，原是一貫說下，並無所謂縱橫繆戾，紛紜舛錯。「生之謂性」之生字，作生存二字講，生存為人類重心，

---

1 人性好比是急流的水，缺口在東邊向東流，缺口在西邊向西流。人性沒有善與不善之分，像水沒有東西流向之分。

2 人的本性好比杞柳樹，義理好比杯盤；把人的本性做成仁義，正好比用杞柳樹來做成杯盤。

3 告子在與孟子辯論的過程中，從第一辯開始，告子就陷入理屈的境地，告子屢屢改變其說以求勝。

4 告子說人性本無仁義，必待矯揉而後成，如同荀子性惡之說。朱熹不認同這點。

5 個人的氣質和天性雖然包含一些不好的特質，但這並不損害人性的本善。儘管人性本善，但應該保持警覺並時常反省，以達到更高的境界。

6 朱熹在註解時表示，杞柳湍水或食色無善無不善之說，存在錯綜複雜的錯誤或與混亂，是因為沒有內求於心所致，也就是說，告子少些內省，僅知人性外在的一面，並且是屬於物的一面。

是世界學者所公認的。告子言性，以生存二字為出發點，由是而有「食色性也」之說，有「性無善無不善」之說，又以杞柳湍水為喻，其說最為合理。宋儒反認為根本錯誤，一切說法，離開生存立論，所以才有「婦人餓死事小，失節事大」一類怪話。然朱子能認出「生之謂性」一句為告子學說根本所在，亦不可謂非特識。

宋儒崇奉儒家言，力闢[1]釋道二家之說，在《尚書》上尋得「人心惟危，道心惟微，惟精惟一，允執厥中」四語，詫為虞廷[2]十六字心傳，遂自謂生於一千四百年之後，得不傳之學於遺經。嗣經清朝閻百詩考出，這四句出諸偽古文尚書，作偽者係採自荀子，荀子又是引用道經之語。閻氏的說法，在經學界中，算是已定了的鐵案。這十六字是宋儒學說的出發點，根本上就雜有道家和荀學的元素，反欲借孔子以排家，借孟子以排荀子，遂無往而不支離穿鑿。朱子曰：「氣質所稟，雖有不善，而不害性之本善。性雖本善，而不可以無省察矯揉之功。」又要顧事實，又要回護孟子，真可謂「縱橫繆戾，紛紜舛錯」也。以視告子扼定生存二字立論，明白簡易，何啻天淵。

告子不知何許人，王龍溪說是孔門之徒，我看不錯。孔子讚「易」，說：「天地之大德曰生」[3]，告子以生字言性，可說是孔門嫡傳。孟子學說，雖與告子微異，而處處仍不脫生字。如云：「黎民不飢不寒，然而不王者，未之有也。」[4]又云：「內無怨女，外無曠夫，於王何有？」[5]仍以食色二字立論，竊意孟子與告子論性之異同，等於子夏、子張論交之異同，其大旨要不出孔氏家法。孟子與告子之交誼，當如子夏與子張之交誼，平日辨疑析難，互相質證。孟子曰：「告子先我不動心。」[6]心地隱微之際亦知之，交誼之深可想。宋儒有道統二字橫亙在胸，左袒孟子，力詆告子為異端，而其自家之學說，則截去生字立論，叫婦人餓死，以殉其所謂節，叫臣子無罪受死，以殉其所謂忠。孟子有知，當必引告子為同調，而斥程朱為叛徒也。

孟子說：「人少則慕父母，知好色則慕少艾，有妻子則慕妻子，仕則慕君。」全是從需要生出來的。孩提所需者食也，故慕飲我食我之父母；少壯所需者色也，

---

1 排除、駁斥。
2 指虞舜的朝廷。相傳虞舜為古代的聖明之主，故亦以「虞廷」為「聖朝」的代稱。
3 天地最大的美德，就是孕育出生命，並且承載、維持著生命的延續。
4 老百姓不缺衣少食，做到了這些而不稱王於天下的是絕不會有的。
5 出自《孟子．梁惠王下》，意指大王即使貪戀女色，只要不忘滿足天下百姓的男歡女愛，這對施行王政有什麼不可以的呢？
6 孟子說：「其實要不使內心動搖並不困難，像告子比我更早就不動心了。」

故慕能滿色慾之少艾與妻子，出仕所需者功名也，君為功名所自出，故慕君。需要者目的物也，亦即所謂目標，目標一定，則只知向之而趨，旁的事物，是不管的。目標在功名，則吳起可以殺其妻，漢高祖可以分父之羹，樂羊子[1]可以食子之羹。目標在父母，則郭巨可以埋兒[2]，姜詩可以出妻[3]，伍子胥可以鞭平王之屍[4]。目標在色慾，則齊襄公可以淫其妹[5]，衛宣公可以納其媳[6]，晉獻公可以父妾[7]。著者認為：人的天性，既是這樣，所以性善性惡問題，我們無須多所爭辯，負有領導國人之責者，只須確定目標，糾正國人的目標就是了。中國現在的大患，在列強壓迫，故當提出列強為目標，手有指，指列強；口有道，道列強，使全國人之視線集中在這一點。於是乎吳起也、漢高祖也、樂羊子也、郭巨也、姜詩也、伍子胥也、齊襄公也、衛宣公也、晉獻公也，一一向目標而趨。救國之道，如是而已。全國四萬萬人，有四萬萬根力線，根根力線，直達列強。根根力線，挺然特立，此種主義，可名之曰「合力主義」，而其要點，則從人人思想獨立開始。

有人問我道：「你既自稱厚黑教主，當然無所不通，無所不曉。據你說，你不懂外國文，有人勸你看西洋心理學譯本，你也不看，像你這樣的孤陋寡聞，怎麼夠得上稱教主？」我說道：「我試問，你們的孔夫子，不惟西洋譯本未讀過，連西洋這個名詞，都未聽過，怎樣會稱至聖先師？你進文廟去把他的牌位打來燒了，我這厚黑教主的名稱，立即登報取消。」我再問：「西洋希臘三哲，不惟連他們西洋大哲學家康德諸人的書一本未讀過，並且恐怕現在英法德美諸國的字，一個也認不得，怎麼會稱西

1 樂羊最初是魏相國翟璜的門客，因突發戰事，被推舉為將領。樂羊的兒子曾殺死翟璜之子，但翟璜深知樂羊為人，仍力保樂羊為帥。樂羊率軍出征，遇到強敵，智謀緩兵。然而，朝廷傳來誣告，中山國君更殺害樂羊的兒子，並作羹湯送給樂羊。樂羊飲羹以表示決心，最終大敗中山國。

2 郭巨父亡後家境貧困，其子三歲，郭母便把自己的食物分一些給孫兒。郭巨於是趁兒子外出後，拿食物給母親享用。有一天他的兒子溺斃，妻子惶恐而泣，巨卻說：「不要驚動母親，失去了兒子可以再生另一個，失去母親卻不可復得，現在去把兒子埋葬吧。」妻不敢違，於是掘了一個深三尺的坑。忽然天空行雷，震得兒子甦醒復活。

3 姜詩的母親喜歡吃魚，又喜歡喝大江裡的水。雖然江水離家有六、七里的路程，但妻子龐氏還是常常走很遠的路去挑水回來給婆婆喝。有一次，遇到了刮大風，回來晚了些，母親已經渴了，姜詩就斥責妻子，並把她趕出家門。

4 伍子胥父、兄均為楚平王所殺，入楚後他找到死去不久的楚平王陵墓，把他的屍體挖了出來，用鞭子抽打解恨，一直抽了三百下才停住。

5 齊襄公與其妹文姜亂倫。

6 衛宣公黃河上築了個新臺，強納兒子即將迎娶的伋為妻。

7 晉獻公納父親晉武公妾室齊姜為妾。

洋聖人?更奇者:釋迦佛,中國字、西洋字一個都認不得,中國人的姓名,西洋人的姓名,一個都不知道,他之孤陋寡聞,萬倍於我這個厚黑教主,居然在為五洲萬國第一個大聖人,這又是什麼道理?吁,諸君休矣!道不同不相為謀,我正在劃出厚黑區域,建立厚黑哲學,我行我是,固不暇同諸君嘵嘵置辯也。」

我是八股學校的修業生,生平所知者,八股而已。常常有人向我說道:「可惜你不懂科學,所以你種種說法,不合科學規律。」我說:「我在講八股,你怎麼同我講起科學來了?我正深恨西洋的科學家不懂八股,一切著作,全不合八股義法。我把達爾文的《種源論》、亞當・史密斯的《原富》、孟德斯鳩的《法意》,以評八股之法評之,每書上面,大批二字,曰:『不通。』」

天下文章之不通,至八股可謂至矣盡矣,蔑以加矣,而不謂西洋科學家文章之不通,乃百倍於中國之八股。現在全世界紛紛擾擾,就是幾部死不通的文章釀出來的。因為達爾文和亞當・史密斯的文章不通,世界才會第一次大戰、第二次大戰。因為孟德斯鳩的文章不通,中國過去二十四年才會四分五裂,中央政府,才會組織不健全。人問:「這部書也不通,那部書也不通,要什麼書才通?」我說:「只有厚黑學,大通而特通。」

幸哉！我只懂八股而不懂科學也！如果我懂了科學，恐怕今日尚在朝朝日日地喊：「達爾文聖人也！亞當．史密斯！孟德斯鳩聖人也！墨索里尼、希特勒，無一非聖人也。」怎麼會寫《厚黑叢話》呢！如果要想全世界太平，除非以我這《厚黑叢話》為新刑律，把古之達爾文、亞當．史密斯、孟德斯鳩，今之墨索里尼、希特勒，一一處以槍斃，而後國際上、經濟上、政治上，乃有曙光之可言。

中國的八股研究好了，不過變成迂腐不堪的窮骨頭，如李宗吾一類人是也。如果把西洋科學家、達爾文諸人的學說研究好了，立即要「屍骨成山，血水成河」。等我把中國聖人的話說完了，再來懷疑西洋聖人。

我之所以成為厚黑教主者，得力處全在不肯讀書，不惟西洋譯本不喜讀，就是中國書也不認真讀。凡與我相熟的朋友，都曉得我的脾氣，無論什麼書抓著就看，先把序看了，或只看首幾頁，或從末尾倒起看，或隨在中間亂翻來看，或跳幾頁看，略知書中大意就是了。如認為有趣味的幾句，我就細細的反覆咀嚼，於是一而二，二而三，就想到別個地方去了。無論什麼高深的哲學書和最粗淺的戲曲小說，我心目中都是一例視之，都是一樣讀法。

我認為世間的書有三種，一為宇宙自然的書，二為我腦中固有的書，三為古今人所著的書。我輩當以第一種、第二種融合讀之，至於第三種，不過藉以引起我腦中蘊藏之理而已或供我之印證而已。我所需於第三種者，不過如是。中國之書，已足供我之用而有餘，安用疲敝精神，讀西洋譯本為？

我讀書的祕訣，是跑馬觀花四字，甚至有時跑馬而不觀花。中國的花圃，馬兒都跑不完，怎能說到外國？人問：「你讀書既是跑馬觀花，何以你這《厚黑叢話》中，有時把書縫縫裡細微事說得津津有味？」我說：「說了奇怪！這些細微事，一觸目即刺眼。我打馬飛跑時，瞥見一朵鮮艷之花，即下馬細細賞玩。有時覺得芥子大的花兒，反比鬥大的牡丹更有趣味，所以書縫縫裡細微事，也會跳入《厚黑叢話》中來。」

我是懶人，懶則不肯苦心讀書，然而我有我的懶人哲學。古今善用兵者，莫如項羽，七十餘戰，戰無不勝，到了烏江，身邊只有二十八騎，還三戰三勝。然而他學兵法，不過略知其意罷了；古今政治家，推諸葛武侯為第一，他讀書也是只觀大略；陶淵明在詩界中，可算第一流，他乃是一個好讀書不求甚解的人。反之，熟讀兵書者莫如趙括，長平之役，一敗塗地；讀書最多者莫如劉歆，輔佐王莽，以周禮治天下，鬧得天怒人怨；註《昭明文選》的李善，號稱書簏，而作出的文章就不通。書這個東西，等於食物一般，食所以療飢，書所以療愚。飲食吃多了不消化，會生病；書讀多了不消化，也會作怪。越讀得多，其人越愚，古今所謂書呆子是也。王安石讀書不消化，新法才行不走；程伊川讀書不消化，才有洛蜀之爭；朱元晦讀書不消化，才有慶元黨案，才有朱陸之爭。

世界是進化的，從前的讀書人是埋頭苦讀，進化到項羽和諸葛武侯，發明了讀書略觀大意的法子。夫所謂略觀大意者，必能了解大意也，那麼大意亦未必了解；進化到了陶淵明，好讀書不求甚解，那麼大意亦未必了解；再進化到厚黑教主，不求甚解，而並且不好讀書。將來再進化，必至一書不讀，一字不識，並且無理可解。嗚呼，世無慧能，斯言也，從誰印證？

我寫《厚黑叢話》，遇著典故不夠用，就杜撰一個來用。人問：「何必這樣幹？」我說：「自有宇宙以來，即應該有這種典故，乃竟無這種典故出現，自是宇宙之罪，我杜撰一個所以補造化之窮。」人說：「這類典故，古書中原有之，你書讀少了，宜乎尋不出。」我說：「此乃典故之罪，非我之罪。典故之最古者，莫如天上之日月，晝夜擺在面前，舉目即見。既是好典故，我寫《厚黑叢話》時，為甚躲在書堆中，不會跳出來？既不會跳出，即是死東西，這種死典故，要他何用！」

近日有人向我說：「你主張思想獨立，講來講去，終逃不出孔子範圍。」我說：「豈但孔子，我發明厚黑學，未逃出荀子性惡說的範圍；我說『心理變化，循力學公例而行』，未逃出告子『性猶湍水也』的範圍；我做有一本《中國學術之趨勢》，未逃出我家聃大公的範圍；格外還有一位說法四十九年的先生，更逃不出他的範圍。」

宇宙真理，明明擺在我們面前，任何人只要能夠細心觀察，得出的結果，俱是相同。我主張思想獨立，揭出宗吾二字，以為標幟，一切道理，經我心考慮而過。認為對的即說出，不管人曾否說過。如果自己已經認為是對的了，因古人曾經說過，我就別創異說，求逃出古人範圍。則是：非對古人立異，乃是對我自己立異，是為以吾叛吾，不得謂之宗吾。孔子也、荀子也、告子也、老子也、釋迦也，甚至村言俗語，與夫其他等等也，合一爐而冶之，無畛域，無門戶，一一以我心衡之，是謂宗吾。

宗吾者，主見之謂也。我見為是者則是之，我見為非者則非之。前日之我以為是，今日之我以為非，則以今日之我為主。如或回護前日之我，則今日之我，為前日之我之媽，是曰奴見，非主見，仍不得謂之宗吾。

老子曰：「上士聞道，勤而行之；中士聞道，若存若亡；下士聞道則大笑，不笑不足以為道。」[1]滔滔天下，皆周、程、朱、張信徒也，皆達爾文諸人信徒也，一聽見厚黑學三字，即破口大罵。吾因續老子之語曰：「下下士聞道則大罵，不罵不足以為道。」

日前我同某君談話，引了幾句孔子的話。某君道：「你是講厚黑學的，怎麼講起孔子的學說來了？」我說：「從前孔子出遊，馬吃了農民的禾，農民把馬捉住。孔子命子貢去說，把話說盡了，不肯把馬退還。回見孔子，孔子命馬夫去，幾句話說得農民大喜，立即退還。你想：孔門中，子貢是第一個會說的，當初齊伐魯，孔子命子貢去遊說，子貢一出而卻齊存魯，破吳霸越。以這樣會說的人，獨無奈何農民何。其原因是子貢智識太高，說的話，農民聽不入耳，馬夫的智識與之相等，故一說即入。觀世音曰：『應以宰官身得度者，現宰官身而為說法。應以婆羅門身得度者，現婆羅門身而為說法。』你當過廳長，我現廳長身而說法，你口誦孔子之言，我現孔子身而說法。一般人都說：『今日的人，遠不如三代以上。』果然不錯。鄙人雖不才，自問可以當孔子的馬夫，而民國時代的廳長，不如孔子時代的農民。」

1 上等人聽了道的理論，努力去實行；中等人聽了道的理論，有時記在心裡有時則忘記掉；下等人聽了道的理論，哈哈大笑。不被嘲笑，那就不足以稱其為道了。

有一次我同友人某君談話，旁有某君警告之曰：「你少同李宗吾談些，謹防把你寫入《厚黑叢話》！」我說：「兩君放心，我這《厚黑叢話》中人物，是預備將來配享厚黑廟的，兩君自問，有何功德，可以配享？你怕我把你們寫入《厚黑叢話》，我正怕你們將來混入厚黑廟。」因此我寫這段文字，記其事而隱其名。

我生怕我的厚黑廟中，五花八門的人鑽些進來，鬧得來如孔廟一般。我撰有敬臨食譜序一篇，即表明此意，錄之如下：

我有個六十六歲的老學生黃敬臨，他要求入厚黑廟配享，我業已允許，寫入《厚黑叢話》第一卷。讀者想還記得，他在成都百花潭側開一姑姑筵。備具極精美的肴饌，招徠顧主，讀者或許照顧過。昨日我到他公館，見他正在凝神靜氣，楷書《資治通鑑》。我詫異道：「你怎麼幹這個事？」他說：「我自四十八歲以後，即矢志寫書，已手寫十三經一通，補寫《新舊唐書合鈔》、《李善註文選》、《相臺禮記》、《坡門唱和集》各一通，現打算再寫一部《資治通鑑》，以完夙願而垂示子孫。」我說：「你這種主意就錯了。你從前歷任射洪、巫溪、滎經等縣知事，我遊蹤所至，詢之人民，你政聲很好，以為你一定在官場努力，幹一番驚人事業。歸而詢知，退為庖師，自食其力，不禁大贊曰：『真吾徒也。』特許入厚黑廟配享，不料你在幹這個生活。須知：古今幹這一類生活的人，車載斗量，有你插足之地嗎？庖師是你特別專長，棄其所長而與人爭勝負，何若乃爾！鄙人所長者厚黑學，故專讀厚黑學，你所長者庖師，不如把所寫十三經與夫《資治通鑑》等等一火而焚之，撰一部食譜，倒還是不朽的盛業。」

敬臨聞言，頗以為然，說道：「往所在成都省立第一女子師範學校充烹飪教師，曾分『薰、蒸、烘、爆、烤、醬、酢、鹵、糟』十門教授學生，今打算就此十門條分縷析，作為一種教科書。但滋事體大，苦無暇晷[1]，奈何！」我說：「你又太拘了，何必一做就想做完善。我為你計，每日高興時，任寫一二段，以隨筆體裁出之，積久成帙，有暇再把他分出門類，如不暇，既有底本，他日也有人替你整理。倘不及早寫出，將來老病侵尋，雖欲寫而力有不能，悔之何及？」敬臨深感余言，乃著手寫去。

敬臨的烹飪學，可稱家學淵源。其祖父由江西宦遊到川，精於治饌，為其子聘

1　指空閒的時日。

婦，非精烹飪者不合選。聞陳氏女，在室，能製鹹菜三百餘種，乃聘之，即敬臨母也。於是以黃陳兩家烹飪法冶為一爐。清末，敬臨宦遊北京，慈禧后賞以四品銜，供職光祿寺三載，復以天廚之味，融合南北之味。敬臨之於烹飪，真可謂集大成者矣。有此絕藝，自己乃不甚重視，不以之公諸世而傳諸後，不亦大可惜乎？敬臨勉乎哉！

古者有功德於民則祀之。我嘗笑：孔廟中七十子之徒，中間一二十人有言行可述外，其大半則姓名亦在若有若無之間，遑論功德？徒以依附孔子末光，高坐吃冷豬肉，亦可謂僭且濫矣。敬臨撰食譜嘉惠後人，有此功德，自足廟食千秋，生前具美饌以食人，死後人具美饌以祀之。此固報施之至平，正不必依附厚黑教主而始可不朽也。人貴自立，敬臨勉乎哉！

孔子平日飯蔬飲水，後人以其不講肴饌，至今以冷豬肉祀之，腥臭不可向邇[1]。他日厚黑廟中，有敬臨配享，後人不敢不以美饌進，吾可傲於眾曰：「吾門有敬臨，冷豬肉可不入於口矣！」是為序。民國二十四年十二月六日，李宗吾，於成都。

近有某君發行某種月刊，叫我做文一篇。我說：「我做則做，但有一種條件，我是專門講厚黑學的，三句不離本行，文成直署我名，你則非刊不可。」他惶然大嚇，婉言辭謝。我執定非替他做不可，他沒法，只好「王顧左右而言他」[2]。讀者只知我會講厚黑學，殊不知我還會作各種散文。諸君如欲表章先德，有墓誌傳狀等件，請我作，包管光生泉壤[3]，絕不會蹈韓昌黎諛墓之嫌[4]。至於作壽文，尤是我的拿手好戲，壽星老讀之，必多活若干歲。君如不信，有謝慧生壽文為證。壽文曰：

慧生謝兄，六旬大慶，自撰徵文啟事云：「知舊矜之而賜之以言，以糾過去六十年之失，乃所願承。苟過愛而望其年之延，多為之辭，乃多持（慧生名）之慚且俛，益不可仰矣。」[5]等語。慧生與我同鄉，前此之失，惟我能糾之，若欲望其年之延，

1　不可向邇形容不能接近。

2　「王顧左右而言他」《孟子．梁惠王下》，本意是指：齊宣王環顧左右的人，把話題扯到別的事情上了。如今成為了大家常用的成語，指扯開話題，迴避難以答覆的問題。

3　光生泉壤意指在九泉之下放出光明，比喻使已經逝去的人得到榮耀，在九泉之下也會感到很光彩。

4　唐代散文家韓愈一生很愛給死人作墓誌，他的作品中，僅碑誌文就七十餘篇，約占總數的百分之三十。在這些數量可觀的碑誌文中，確有不少光輝奪目的傑作，但也有相當一部分美化死人的「諛墓」之作，為歷代論者所鄙夷。

5　知道我舊日過於驕矜而賜予忠告，以糾正我過去六十年的缺失，是我願意承受的。如承蒙厚愛而希望我多活幾年，請多為我進言，我會低頭悔過而不敢將頭抬起。

我也有妙法。故特撰此文為獻。

民國元年二三月，我在成都報上發表《厚黑學》。其時張君列五，任四川副都督，有天見著我，說道：「你瘋了嗎？什麼厚黑學，天天在報上登載，成都近有一夥瘋子，巡警總監楊莘友，成都府知事但怒剛，其他如盧錫卿、方琢章等，朝日跑來同我吵鬧，我將修一瘋人院，把這些瘋子一齊關起。你這個亂說大仙，也非關在瘋人院不可。」我說：「噫！我是救苦救難的大菩薩，你把他認為瘋子，我很替你的甑子擔憂。」後來列五改任民政長，袁世凱調之進京，他把印交了。第二天會著我，說道：「昨夜謝慧生說：『下細想來，李宗吾那個說法，真是用得著。』」我拍案叫道：「田舍奴，我豈妄哉！[1]瘋子的話，都聽得嗎？好倒好，只是甑子已經倒了。今當臨別贈言，我告訴你兩句：『往者不可諫，來者猶可追。』」哪知他信道不篤[2]，後在天津織襪，被袁世凱逮京槍斃。他在天牢內坐了幾個月，不知五更夢醒之時，會想及四川李瘋子的學說否？宣布死刑時，列五神色夷然，負手旁立，作微笑狀。同刑某君，呼冤忿罵。列五呼之曰：「某君！不說了！今日之事，你還在夢中。」大約列五此時，大夢已醒，知道今日之死，實係違反瘋子學說所致。

同學雷君鐵崖，留學日本，賣文為活，滿肚皮不合時宜，滿清末年跑在西湖白雲寺去做和尚。反正時，任孫總統祕書，未幾辭職。作詩云：「一笑飄然去，霜風透骨寒。八年革命黨，半月祕書官。稷下竽方濫，邯鄲夢已殘。西湖山色好，莫讓老僧看。」他對時事非常憤懣，在上海，曾語某君云：「你回去告訴李宗吾，叫他厚黑學少講些。」旋得瘋癲病，終日抱一酒瓶，逢人即亂說，常常獨自一人，倒臥街中，人事不省。警察看見，把他弄回，時癒時發，民國九年竟死。我這種學說，正是醫他那種病的妙藥，他不惟不照方服藥，反痛詆醫生，其死也宜哉！

---

1 「田舍奴」猶言鄉巴佬，含有鄙其無知之意。典故出自唐朝開元年間，詩人王昌齡、高適、王之渙齊名，三人登樓宴飲時來了四位歌伎，三人於是比賽看歌伎唱誰的詩最多，誰就最優秀。第一位歌伎唱了王昌齡的詩，第二位唱高適的詩，第三位又唱王昌齡的詩，此時王之渙面子掛不住，於是手指四位歌伎中最漂亮、最出色的一個說：「她唱的時候，如果不是我的詩，我這輩子就不和你們爭高下了；果然是唱我的詩的話，甭客氣，二位就拜倒於座前，尊我為師好了。」過一會兒她唱道：「黃河遠上白雲間，一片孤城萬仞山，羌笛何須怨楊柳，春風不度玉門關。」王之渙得意至極，揶揄王昌齡和高適說：「怎麼樣，土包子，我說的沒錯吧！」三位詩人開懷大笑。

2 信奉道卻不篤定。

列五、鐵崖，均係慧生兄好友，渠[1]二人反對我的學說，結果如此。獨慧生知道，瘋子的學說，用得著，居然活了六十歲。倘循著這條路走去，就再活六十歲也是很可能的。我發明厚黑學二十餘年，私淑弟子遍天下，盡都轟轟烈烈，做出許多驚天動地的事業，偏偏同我講學的幾個朋友，列五、鐵崖而外，如廖君緒初、楊君澤溥、王君簡恆、謝君綬青、張君荔丹，對於吾道，均茫無所得，先後憔悴憂傷以死。慧生於吾道似乎有明了的認識了，獨不解何以蟄居海上，寂然無聞？得非過我門而不入我室耶？然因其略窺涯，亦獲享此高壽，足證吾道至大，其用至妙，進之可以幹驚天動地的事業，退之亦可延年益壽。今者遠隔數千里，不獲登堂拜祝，謹獻此文，為慧生兄慶，兼為吾黨勸。想慧生兄讀之，當亦掀髯大笑，滿飲數觴也。民國二十四年元月，弟宗吾拜撰。

後來我在重慶，遇著慧生侄又華新自上海歸來，說道：「家叔見此文，非常高興，說道：『李先生說我，還要再活六十歲，那個時候，你們都八九十歲了，恐怕還活我不贏！』」子章骷髏不過愈瘧疾而已，陳琳檄文不過癒頭風而已[2]，我的學說，直能延年益壽。諸君試買一本讀讀，比吃紅色補丸、參茸衛生丸，功效何啻萬倍！

民國二年，討袁失敗後，我在成都會著一人，瘦而長，問其姓名，為隆昌黃容九。他問了我的姓名，而現驚愕色，說道：「你是不是講厚黑學那個李某？」我說：「是的，你怎麼知道？」他說：「我在北京聽見列五說過。」我想：列五能在北京宣傳吾道，一定研究有得，深為之慶幸。民三下半年，我在中壩省立第二中校，列五由天津致我一信，歷敘近況及織襪情形，並說當局如何如何與他為難，中有云：「復不肯伈伈睍睍，乞憐於心性馳背之人！」[3]我讀了，失驚道：「噫！列五死矣，知而不行，奈何！奈何！」不久，即聞被逮入京。此信我已裱作手卷，請名人題跋，以為信道不篤者戒。

列五是民國四年一月七日在天津被逮，三月四日在北京槍斃，如今整整的死了二十一年。我這瘋子的徽號，最初是他喊起的。諸君旁觀者清，請批評一下：究竟我

1 他們的意思。

2 相傳唐時有人患瘧疾，杜甫對他說：「你朗誦我的詩，就可把病治好。」曹操當時苦於頭痛，因臥床讀陳琳檄的文章，一發冷汗，頭就不痛了。

3 又不肯小心畏懼而低聲下氣，向跟自己心性背道而馳的人乞求憐憫。

是瘋的，他是瘋的？宋朝米芾[1]，人呼之為米癲。一日蘇東坡請客，酒酣，米芾起言曰：「人呼我為米癲，我是否癲？請質之子瞻。」東坡笑曰：「吾從眾。」[2]我請諸君批評，我是不是瘋子？諸君一定說：「吾從眾。」果若此，吾替諸君危矣！且替中華民國危矣！何以故？曰：有張列五的先例在，有民國過去二十四年的歷史在。

卷五

去歲元旦[3]，華西報的元旦增刊上，我作有一篇文字，題曰《元旦預言》。我的預言，是「中國必興，日本必敗」八個字，這是從我的厚黑史觀推論出來，必然的結果，不過其中未提明厚黑二字罷了。今年華西報發元旦增刊，先數日總編輯請我做篇

1 北宋書畫家。
2 「大家都說我癲狂，你覺得呢？」蘇東坡笑說：「我以大多數人的意見為意見。」
3 民國二十四年，西元一九三五年。

文字。我說：做則必做，但我做了，你則非刊上不可，我的題目是「厚黑年」三字。他聽了默然不語，所以民國二十五年華西報元旦增刊，諸名流都有文字，獨莫得厚黑教主的文字，就是這個原因，我認為民國二十年，是中國的厚黑年，也即是一九三六年，為全世界的厚黑年。諸君不信，且看事實之證明。

昔人說：「丈夫不能流芳百世，亦當遺臭萬年。」我民國元年發表《厚黑學》，至今已二十五年，遺臭萬年的工作，算是做了四百分之一，俯仰千古，常以自豪。所以民國二十五年，在我個人方面，也可說是厚黑年，是應該開慶祝大會的。我想我的信徒，將來一定會仿耶穌紀年的辦法，以厚黑紀年，使厚黑學三字與國同休，每二十五年，開慶祝大會一次，自今以後，再開三百九十九次，那就是民國萬年了。我寫至此處，不禁高呼曰：中華民國萬歲！厚黑學萬歲！

去年吳稚暉[1]在重慶時，新聞記者友人毛暢熙約我同去會他。我說：「我何必去會他呢？他讀盡中外奇書，獨莫有讀過厚黑學。他自稱是大觀園中的劉姥姥，此次由重慶，到成都，登峨眉，遊嘉定，大觀園中的風景和人物，算是看遍了，獨於大觀園外面，有一個最清白的石獅子，他卻未見過。次迎吳先生，我也去了來，他的演說，我也聽過，石獅子看見劉姥姥在大觀園進進出出，劉姥姥獨未看見石獅子！我不去會他，特別與他留點憾事。」

有人聽見厚黑學三字，即罵曰：「李宗吾是壞人！」我即還罵之曰：「你是宋儒。」一要說壞，李宗吾與宋儒同是壞人，要說好，李宗吾與宋儒同是聖人。就宋學言之，宋儒是聖人，李宗吾是壞人，就厚黑學言之，李宗吾是聖人，宋儒是壞人。故罵我為壞人者，其人即是壞人，何以故？是宋儒故。

我所最不了解者，是宋儒去私之說。程伊川身為洛黨首領，造成洛蜀相攻，種下南渡之禍，我不知他的私字去掉了莫有？宋儒講性善，流而為洛黨，在他們目中視之，人性皆善，我們洛黨，盡是好人，惟有蘇東坡，其性與人殊，是一個壞人。王陽明講致良知，滿街都是聖人，一變而為東林黨[2]。吾黨盡是好人，惟有力抗滿清的熊廷弼[3]是壞人，是應該拿來殺的。清朝的皇帝，披覽廷弼遺疏，認為他的計畫實行，滿清斷不能入關，憫其忠而見殺，下詔訪求他的後人，優加撫恤。而當日排擠廷弼最

1 中華民國政治人物，開國元老。
2 明朝末年以江南文官為主、各省仕林相依附而成的一個儒家政治集團。
3 明末將領。

力，上疏請殺他的，不是別人，乃是至今公認為忠臣義士的楊漣、左光斗等。這個道理，拿來怎講？嗚呼洛黨！嗚呼東林黨！我不知倉頡夫子，當日何苦造下一個黨字，拿與程伊川、楊漣、左光斗一般賢人君子這樣用！奉勸讀者諸君，與其研究宋學，研究王學不如切切實實的研究厚黑學。研究厚黑學，倒還可以做些福國利民的事。

宋儒主張去私，究竟私是個什麼東西，非把他研究清楚不可。私字的意義，許氏說文，是引韓非子之語來解釋。韓子原文，是「倉頡作書，自環者謂之私，背私謂之公。」[1]環即是圈子。私字古文作厶，篆文是厶，畫一個圈圈。公字，從八從厶，八是把一個東西破為兩塊的意思，故八者背也。「背私謂之公」，即是說：把圈子打破了，才謂之公。假使我們只知有我，不顧妻子，這是環吾身畫一個圈；妻子必說我徇私，我於是把我字這個圈子撤去，環妻子畫一圈；但弟兄在圈之外，弟兄又要說我徇私，於是把妻子這個圈撤去，環弟兄畫一個圈；但鄰人在圈之外，又要說我徇私，於是把弟兄這個圈撤去，環鄰人畫一個圈，但國人在圈外，又說我徇私，於是把鄰人這個圈撤去，環國人畫一個圈；但他國人在圈外，又要說我徇私，這只好把本國人這個圈撤了，環人類畫一個大圈，才可謂之公。但還不能謂之公。假使世界上動植礦都會說話，禽獸一定說：「你們人類為什麼要宰殺我們？未免太自私了！」草木問禽獸

1 古時候，倉頡創造文字，把圍著自己繞圈子的叫做「私」。與「私」相背的叫做「公」。

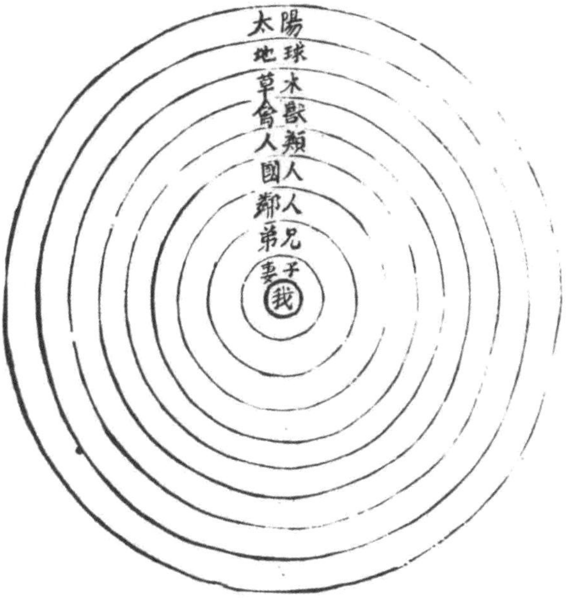

丙圖

道：「你為什麼要吃我們？你也未免自私。」泥土沙石問木道：「你為什麼要吸取我的養料？你草木未免自私。」並且泥土沙石可以問地心道：「你為什麼把我們向你中心牽引？你地心也未免自私。」地球又問太陽道：「你為什麼把我向你牽引？你未免自私。」太陽又可問地球道：「我牽引你，你為什麼不攏來！時時想向外逃走，並且還暗暗的牽引我？你也未免自私。」再反過來說：假令太陽怕地球說他徇私，他不牽引地球，地球也不知飛向何處去了。地心怕泥土沙石說他徇私，也不牽引了，這泥土沙石，立即灰飛而散，地球也就立即消滅。

我們從上項推論，繪圖如丙，就可得幾個要件如下：

（1）遍世界尋不出公字。通常所謂公，是畫了範圍的，範圍內人謂之公，範圍外人，仍謂之私。

（2）人心之私，通於萬有引力，私字除不掉，等於萬有引力之除不掉，如果除掉了，就會無人類、無世界。無怪宋儒去私之說，行之不通。

（3）我們討論人性善惡問題，曾繪出甲乙兩圖，說：心理的現象，與磁場相象，與地心引力相像。現在討論私字，繪出丙圖，其現象仍與甲乙兩圖相合。所以我們提出一條原則：「心理變化，循力學公例而行」，想來不會錯。

我們詳玩丙圖，中心之我，彷彿一塊磁石，周圍是磁場，磁力之大小，與距離成反比例。孟子講的差等之愛，是很合天然現象的。墨子講兼愛，只畫一個人類的大圈，主張愛無差等，內面各小圈俱無之，宜其深為孟子駁斥。

墨子志在救人，摩頂放踵以利天下。楊朱主張為我，叫他拔一毛以利天下，他都不肯。在普通人看來，墨子的品格，宜乎在楊朱之上，乃孟子曰：「逃墨必歸於楊，逃楊必歸於儒。」[1]認為楊子在墨子之上，離儒家為近，豈非很奇的事嗎？這正是孟子的卓見，我非宜下細研究[2]。

凡人在社會上做事，總須人己兩利，乃能通行無礙。孔孟的學說，正是此等主

---

1 原文：孟子曰：「逃墨必歸於楊，逃楊必歸於儒。歸，斯受之而已矣。今之與楊墨辯者，如追放豚，既入其苙，又從而招之。」
譯文：孟子說：「離開墨家的一定進入楊朱一派，離開楊朱的一定進入儒家。對於回歸儒家的人，接受他們就可以了。現今與楊墨爭辯的人，對待回歸的人如同捉捕跑掉的豬，進了豬圈還不夠，接著又把它的腳綁起來。」

2 對於不合理的事我必得仔細研究。

張。孔子所說：「己立立人，己達達人。」[1]《大學》所說：「修齊治平。」[2]孟子所說：「王如好貨，與民同之」、「王如好色，與民同之」等語，都是本著人己兩利的原則立論。叫儒家損人利己，固然絕對不做，就叫他損己利人，他也認為不對。觀於孔子答宰我「井有人焉」[3]之問，和孟子所說「君視臣如草芥，則臣視君如寇仇」等語，就可把儒家真精神看出來，此等主張，最為平正通達。墨子摩頂放踵以利天下，捨去我字，成為損己利人之行為，當然為孔門所不許。

楊子為我，是尋著了中心點，故孟子認為他的學說，高出墨子之上。楊子學說中最精粹的，是「智之所貴，存我為貴；力之所賤，侵物為賤」[4]四語（見《列子》）。他知道自己有一個我，把他存起；同時知道，他人也有一個我，不去侵犯他。這種學說，真是精當極了，然而尚為孟子所斥，這是什麼道理呢？因為儒家的學說，是人己兩利，楊子只做到利己而無損於人，失去人我之關聯。孔門以仁字為主，仁字從二人，是專在人我間做工作，以我之所利，普及於人人。所以楊子學說，亦為孟子所斥。

我因為窮究厚黑之根源，造出甲乙丙三圖，據三圖以評判各家之學說，就覺得若網在綱，有條不紊了。即如王陽明所講的「致良知」，與夫「知行合一」，都可用這圖解釋。把圖中之我字作為一塊磁石，磁性能相推用引，是具有離心向心兩種力量。陽明所說的良知，與孟子所說的良知不同：孟子之良知，指仁愛之心而言，是一種引力；陽明之良知，指是非之心而言，是者引之使近，非者推之使遠，兩種力量俱具備了。故陽明的學說，較孟子更為圓通。陽明所謂致良知，在我個人的研究，無非是把力學原理應用到事事物物上罷了。

王陽明講「知行合一」，說道：「知是行的主意，行是知的工夫；知是行之始，行是知之成。」這個道理，用力學公例一說就明白了。例如我聞友人病重想去看他，我心中這樣想，即是心中發出一根力線，直射到友人方面。我由家起身，走到病人面前，即是沿著這根力線一直前進。知友人病重，是此線之起點，走到病人面前，是此線的終點，兩點俱一根直線上，故曰「知行合一」。一聞友病，即把這根路線畫定，

1 自己做好立身處世的修養，也讓別人有修養；自己求得通達，也讓別人通達。
2 提高自身修為，管理好家庭，治理好國家。
3 如果井中有人，必會去協救。
4 智慧之所以可貴，以能保存自己為貴；力量之所以低賤，以能侵害外物為賤。

故曰「知是行的主意」。畫定了，即沿著此線走去，故曰「行是知的工夫」。陽明把明德親民二者合為一事，把博學、審問、慎思、明辨、篤行五者合為一事，把格、致、誠、正、修、齊、治、平八者合為一事，即是用的這個方式，都是在一根直線上，從起點說至終點。

王陽明解釋《大學．誠意章》「如好好色，如惡惡臭」[1]二句，說道：「見好色屬知，好好色屬行。只見好色時，已自好了，不是見後又立個心去好。聞惡臭屬知，惡惡臭屬行。只聞惡臭時，已自惡了，不是聞後別立一個心去惡。」他這種說法，用磁電感應之理一說就明白了。異性相引，同性相推，是磁電的定例。能判別同性異性者知也，推之引之者行也。我們在講室中試驗，即知磁電一遇異性，立即相引，一遇同性，立即相推，並不是判定同性異性後，才去推之引之，知行二者，簡直分不出來，恰是陽明所說「即知即行」的現象。

歷來講心學者，每以鏡為喻，以水為喻，我們用磁電來說明，尤為確切。倘再進一步，說：人之性靈，與地球之磁電同出一源。講起來更覺圓通。人事與物理，就可一以貫之。科學家說：磁電見同性自然相推，見異性自然相引。王陽明說：「凡人見父自然知孝，見兄自然知弟。」李宗吾說：「小孩見母親口中有糕餅，自然會取來放在自己口中，在母親懷中吃乳吃糕餅，見哥哥近前來，自然會推他打他。」像這樣的講，則致良知也，厚黑學也，就成為一而二、二而一了。

萬物有引力，萬物有離力，引力勝過離力，則其物存，離力勝過引力，則其物毀。目前存在之物，都是引力勝過離力的，故有「萬有引力」之說。其離力勝過引力之物，早已消滅，無人看見，所以「萬有離力」一層，無人注意。地球是現存之物，故把外面的東西向內部牽引；心是現存之物，故把六塵緣影向內部牽引。小兒是求生存之物，故見外面的東西，即取來放入自己口中；人類是求生存之物，故見有利之事，即牽引到自己身上。我們曠觀宇宙，即知天然現象，無一不是向內部牽引，地球也、心也、小兒也、人類也，將來本是要由萬有離力的作用，消歸烏有的，但是未到消滅的時候，他那向內牽引之力，無論如何是不能除去的。宋儒去私之說，等於想除去地心吸力，怎能辦得到？只好承認其私，提出生存二字為重心，人人各遂其私，使人人能夠生存，天下自然太平。此鄙人之厚黑學所以不得不作，閱者諸君所以不得不研究也。

1　要像喜愛美麗的女人一樣，要像厭惡腐臭的氣味一樣。

人人各遂其私，可說是私到極點，也即是公到極點。楊朱的學說，即是基於此種學理生出來的。他說道：「智之所貴，存我為貴。」[1]，即是「各遂其私」的說法；同時他又恐各人放縱其私，妨害他人之私，所以跟著即說：「力之所賤，侵物為賤。」[2]這種學說，真是精當極了，施之現今，最為適宜，我們應當特別闡揚。所以研究厚黑學的人，同時應當研究楊朱的學說。楊氏之學在吾道雖為異端，然亦可借證，對鈍根人不能說上乘法，不妨談談楊朱學說。

地球是一個大磁石，磁石本具有引之推之兩種力量，其被地球所推之物，已不知推到何方去了，出了我們視覺之外，只能看見他引而向內的力量，看不出推而向外的力量，所以只能說地球有引力，不能說地球有推力。人心猶如一塊磁石，是具備了引之推之兩種力量，由這兩種力相推相引，才構成一個社會，其組織法，絕像太空中眾星球之相推相引一般。人但知人世相賊相害，是出於人心之私。不知人世相親相愛，也出於人心之私，人但知私心擴充出來，可以造成戰爭，擾亂世界和平；殊不知人類由漁獵，而遊牧，而農業，而工商業，造成種種文明，也由於一個私字在暗中鼓蕩。斯義也，彼程朱諸儒，烏足知之！此厚黑學所以為千古絕學也。

厚黑二字，是從一個私字生出來的，不能說他是好，也不能說他是壞，這就是我那個同學朋友謝綬青跋《厚黑學》所說的：「如利刃然，用以誅盜賊則善，用以屠良民則惡，善與惡何關於刃，故用厚黑以為善則為善人，用厚黑以為惡，則為惡人。」我發明厚黑學，等於瓦特發明蒸汽，無施不可。利用蒸汽，造成火車，駕駛得法，可以日行千里，駕駛不得法，就會跌下岩去。我提出「厚黑救國」的口號，就是希望司機生駕駛火車，向列強衝去，不要向前日朝岩下開，也不要在街上橫衝直撞，碾死行人。

物質不滅，能力不滅，這是科學家公認的定律。吾人之性靈，算是一種能力，請問：其生也從何而來，其死也從何而去，豈非難解的問題嗎？假定：吾人之性靈，與地球之磁電，同出而異名，這個問題，就可解釋了。其生也，地球之物質變為吾身之毛髮骨血，同時地球之磁電變為吾之性靈；其死也，毛髮骨血退還地球，仍為泥土，是謂物質不滅。同時性靈退還地球，仍為磁電，是謂能力不滅。我們這樣的解釋，

1 智慧之所以可貴，以能保存自己為貴。

2 力量之所以低賤，以能侵害外物為賤。

則昔人所謂「浩氣還太虛」[1]，所謂「天地有正氣，下為河嶽，上為日星，於人曰浩然」，所謂「自其不變者而觀之，則物與我皆無盡也？」[2]種種說法，就不是得空談了。倘有人問，靈魂是否存在？我們可以說：「這是在個人的看法：吾人一死，此身化為泥土，性靈化為磁電，可謂之靈魂消滅。然吾身雖死，物質尚存，磁電尚存，即謂之靈魂尚存，亦無不可。性靈者吾人之靈魂也，磁電者地球之靈魂也，性靈與磁電，同出一源。我所繪甲乙丙三圖，即基於此種觀察生出來的，是為厚黑哲學的基礎。至於實際的真理是否如此，我不知道，我只自己認為合理，就寫出來，是之謂宗吾。

我雖講厚黑學，有時亦涉獵外道諸書，一一以厚黑哲理繩之。佛氏說：佛性是不生不滅，不增不減，無邊際，無終始；楞嚴七處徵心[3]，說心不在內，不在外，不在中間。我認為吾人之性靈，與地球之磁電，同出而異名，則佛氏所說，與太空磁電何異？佛說：「本性圓融，週遍法世。」[4]又說：「非有非無。」推此與磁電中和現象何異？黃宗羲[5]著《明儒學案》自序，開口第一句曰：「盈天下皆心也。」[6]高攀龍[7]《自序為學之次弟》云：「程子謂：心要在腔子裡，不知腔子何所指，果在方寸間否耶？覓註不得，忽於小學中見其解曰：腔子猶言身子耳，以為心不專在方寸，渾身是心也。」[8]我們要解釋黃高二氏之說，可假定宇宙之內，有一致靈妙之物，無處不是灌滿了。就其灌滿全身軀殼言之，名之曰心，就其灌滿宇宙言之，名之曰磁電，二者原是二而一，一而二的。佛氏研究心理，西人研究磁電，其途雖殊，終有溝通之一日。佛有天眼通、天耳通，能見遠處之物，能聞遠處之語。西人發明催眠術，發明無線電，也是能見遠處之物，能聞遠處之語，這即二者溝通之初基。

---

1 我本為浩然正氣而生。

2 摘自蘇東坡《赤壁賦》「自其變者而觀之，則天地曾不能以一瞬；自其不變者而觀之，則物與我皆無盡也。」意思是：從變化的一面來看，則天地萬物每一轉瞬都在變化；從不變的一面來看，則萬物與我都是永恆的。

3 佛於楞嚴會上徵詰阿難心目所在之處，阿難先後以七處回答之。

4 地、水、火、風這四大的本性，我已告訴大家說四大的本性，是圓融，也是周遍法界的。

5 明末清初經學家、史學家、思想家。黃宗羲與顧炎武、王夫之並稱「明末三大思想家」。

6 天地間都是心。

7 明末東林黨領袖。

8 他忽然想到程子說心要在腔子裡，但又不知道腔子提指什麼，也是在方寸之間嗎？後來偶然在《小學》中看到註解說：「腔子猶言身子耳」。才知道心不僅只在方寸之間，而是渾身是心，從此以後，他才頓覺輕鬆快活。

我們把物質的分子加以分析，即得原子，把原子再分析，即得電子。電子是一種力，這是科學家業已證明了。我們的身體，是物質集合而成，也即是電子集合而成。身與心本是一物，所以我們心理的變化，逃不出磁電學的規律，逃不脫力學的規律。

人類有誇大性，自以為萬物之靈，彷彿心理之變化，不受物理學的支配。其實只能說，人是物中之較高等者，終逃不出物理學的大原則。我們試驗理化，溫度變更或滲入他種藥品，形狀和性質均要改變。吾人遇天氣大熱，心中就煩躁，這是溫度的關係。飲了酒，性情也會改變，這是滲入一種藥品，起了化學作用。從此等地方觀察，人與物有何區別？故物理學中的力學規律，可適用到心理學上。

王陽明說「知行合一」，即是「思想與行為合一」。如把知字改作思想二字，更為明了。因為人的行為，是受思想的支配，所以觀察人的行為，即可窺見其心理，知道他的心理，即可預料其行為，古人說：「誠於中，形於外。」[1]又說：「中心達於面目。」[2]又說：「根於心，見於面，盎於背，施於四體。」[3]這都是心中起了一個念頭，力線一發動，即依著直線進行的公例，達於面目，跟著即見於行事了。但有時心中起了一個念頭，竟未見諸實行，這是什麼緣故呢？這是心中另起一種念頭，把前線阻住了，猶如我起身去看友人之病，行至中途，因事見阻一樣。

陽明說的「知行合一」，不必定要走到病人面前才算行，只要動了看病人的念頭，即算行了。他說：「見好色屬知，好好色屬行。」普通心理學，分知、情、意三者，這「好好色」，明明是情，何以謂之行呢！因為一動念，這力線即註到色字上去了，已經是行之始，故陽明把情字看作行字。他說的「知行合一」，可說是「知情合一」。

人心如磁石一般。我們學過物理，即知道：凡是鐵條，都有磁力，因為內部分子凌亂，南極北極相消，才顯不出磁力來。如用磁石在鐵條上引導一下，內部分子，南北極排順，立即發出磁力。中國四萬萬人，本有極大的力量，只因內部凌亂，致受列強的欺淩。我們只要把內部力線排順，四萬萬人的心理，走在同一的線上，發出來的力量，還了得嗎？問：「內部分子如何才能排順？」我說：「你只有研究厚黑學，我

1 是內心修養的呈現，究竟有幾分工夫，於舉手投足間，早已顯露無遺，無須刻意包裝。

2 是內心真情表現在臉上的結果。

3 根值於心的仁義禮智四德，所以表現於外在的氣象，清和潤澤的呈現在臉上，盈溢在背上，展現在動作威儀之間。

所寫的《厚黑叢話》，即是引導鐵條的磁石。」

中國有四萬萬人，只要能夠聯為一氣，就等於聯合了歐洲十幾國。我們現受日本的壓迫，與其哭哭啼啼，跪求國聯援助，跪求英美諸國援助，毋寧哭哭啼啼，跪求國人，化除意見，協助中央政府，先把日本驅逐了，再說下文。人問：「國內意見，怎能化除？」我說：「你把厚黑學廣為宣傳，使一般人了解厚黑精義及厚黑學使用法，自然就辦得到了。」

我發明厚黑學，一般人未免拿來用反了，對列強用厚字，搖尾乞憐，無所不用其極；對國人用黑字，排擠傾軋，無所不用其極，以致把中國鬧得這樣糟。我主張翻過來用，對國人用厚字，事事讓步，任何氣都受，任何舊帳都不算；對列強用黑字，凡可以破壞帝國主義者，無所不用其極，一點不讓步，一點氣都不受，一切舊帳，非算清不可。然此非空言所能辦到，其下手方法，則在調整內部，把四萬萬根力線排順，根根力線，直射列強，這即是我說「厚黑救國」。

人問我：「對外的主張如何？」我說：「我無所謂主張，日本是入室之狼，俄國是當門之虎，歐美諸強國，是宅左宅右之獅豹，請問諸君，處此環境，室內人當如何主張？」

世界第二次大戰，迫在眉睫，有主張聯英美以抗日本的，有主張聯合日本以抗俄國的，又有主張如何如何的，若以我的厚黑哲學推論之，都未免錯誤。我寫的《厚黑叢話》第二卷內面，曾有「黑厚國」這個名詞，邇來外交緊急，我主張將「厚黑國」從速建立起來，即以厚黑教主兼充厚黑國的國王，將來還要欽頒厚黑憲法。此時東鄰日本，有什麼水鳥外交[1]、啄木外交[2]，我先把我的厚黑外交提出來，同我的厚黑弟子討論一下：

我們學物理化學，可先在講室中試驗。惟有國家這個東西，不能在講室中試驗，據我看來，還是可以試驗，現在五洲之中，各國林立，諸大強國，互相競爭，與中國春秋戰國時代是一樣的。我們可以說：現在的五洲萬國，是春秋戰國的放大形，當日的春秋戰國，即是我們的試驗品。

春秋戰國，賢人才士最多，他們研究出來的政策，很可供我們的參考。那個時

1 這種外交手段的比喻來自於水鳥，它們隨著水流而遷徙，類似於日本投資資本跟隨著經濟潮流進入中國。這種外交策略旨在通過經濟手段，進而在中國建立起日本的政治和經濟利益。

2 透過強硬手段、威脅或者武力，以達到外交目標的一種外交政策。

侯，共計發生兩大政策：第一是春秋時代，管仲「尊周攘夷」的政策。第二是戰國時代，蘇秦「聯六國以抗強秦」的政策。自從管仲定下「尊周攘夷」的政策，齊國遂崛起為五霸之首；後來晉文稱霸，也沿襲他的政策；就是孔子修春秋，也不外「尊周攘夷」的主張。這個政策，很值得我們的研究。戰國時，蘇秦倡「聯六國以抗強秦」之議，他的縱約成功，秦人不敢出關者十五年[1]，這政策，更值得研究。中國現在情形，既與春秋戰國相似，我主張把管仲、蘇秦的兩個法子融合為一，定為厚黑國的外交政策。管仲的政策，是完全成功的，蘇秦的政策，是始而成功，終而失敗。究竟成功之點安在？失敗之點安在？我們可以細細討論。

春秋時，周天子失了統馭能力，諸侯互相攻伐，外夷乘間侵入，弱小國很受蹂躪，與現在情形是一樣的。楚國把漢陽諸姬滅了，還要問鼎中原，與日本滅了琉球、高麗，進而占據東北四省，進而占據平津，是一樣的。那個時候，一般人正尋不著出路，忽然跳出一個大厚黑家，名曰管仲，霹靂一聲，揭出「尊周攘夷」的旗幟，用周天子的名義驅逐外夷，保全弱小國家的領土，大得一般人的歡迎。他的辦法，是九合諸侯，把弱小民族的力量集中起來，向外夷攻打，伐山戎以救燕，伐狄以救衛邢。這是用一種合力政策，把外夷各個擊破。以那時國際情形而論，楚國是第一強國，齊雖泱泱大國，但經襄公荒淫之後，國內大亂。桓公即位之初，長勺之戰，連魯國這種弱國都戰不過，其衰弱情形可想。召陵之役，竟把楚國屈伏，全由管仲政策適宜之戰。中國在世界弱小民族中，弱則有之，小則未也，絕像春秋時的齊國，天然是盟主資格。當今之世，「管厚黑」復生，他的政策，一定是：「擁護中央政府，把全國力量集中起來，然後進而聯合弱小民族，把全世界力量集中起來，向諸大強國攻打。」基於此種研究，中國當九一八事變之後，早就該使下厚黑學，退出國際聯盟，另組一個「世界弱小民族聯盟」，與那個分贓集團的國聯成一個對抗形勢，由中國出來，當一個齊桓公，領導全世界被壓迫民族，對諸大強國奮鬥。

到了戰國，國際情形又變，齊楚燕趙韓魏秦，七雄並立，周天子已經扶不起來，紙老虎成了無用之物，尊周二字，說不上了。秦楚在春秋時，為夷狄之國，到了此時，攘夷二字更不適用。七國之中，秦最強，騷騷乎有併吞六國之勢，於是第二個大厚黑家蘇秦，挺身出來，倡議聯合六國，以抗秦國，即是聯合眾弱國，攻打一強國，

1 《史記》記載，趙國將六國軍事聯盟的合約書送交給秦國，秦國害怕，從此十五年不敢出函谷關。

仍是一種合力政策，可說是「管厚黑政策的變形」。基於此種研究，我們可把日俄英美法意德諸國，合看為一個強秦，把全世界弱小民族看作六國，當然組織一個「弱小民族聯盟」，以與諸強國周旋。

諸君莫把蘇秦的法子小視了，他是經過引錐刺股的工夫，揣摹期年，才研究出來。他這個法子，含有甚深的學理。他讀的是《太公陰符》，「陰符」是道家之書。古「陰符」不傳，現行的「陰符」是偽書。我們既知是道家之書，就可藉老子的《道德經》來說明。《老子》一書，包藏有很精深的厚黑原理。戰國時厚黑大家文種、范蠡，漢初厚黑大家張良、陳平等，都是從道家一派出來的。管子之書，《漢書·藝文誌》列入道家，所以管仲的內政外交，暗中以厚黑二字為根據。鄙人發明厚黑學，進一步研究，創一條定理：心理變化，循力學公例而行。還讀老子之書，就覺得處處可用力學公例來解釋，將來我講「中國學術」時，才來逐一說明。此時談厚黑外交，談到蘇秦，我只能說，蘇大厚黑的政策，與老子學說相合，與力學公例相合。

老子曰：「天之道，其猶張弓歟？高者抑之，下者舉之，有餘者損之，不足者補之。」[1]這明明是歸到一個平字上。力學公例，兩力平衡，才能穩定。水不平則流，人不平則鳴。蘇秦窺見這個道理，遊說六國，抱定一個平字立論，與近世孫中山學說相合。他說六國，每用「寧為雞口，無為牛後」[2]和「稱東藩，築帝宮，受冠帶，祠春秋」[3]一類話，激動人不平之氣。孫中山說：中國人，連高麗、安南等亡國人都不如，位置在殖民地之下，當名曰次殖民地。其論調是一樣的，無非是求歸於平而已。蘇秦的對付秦國的法子，是「把六國聯合起來，秦攻一國，五國出兵相救」。此種辦法，合得到克魯泡特金「互助」之說[4]。秦雖強，而六國聯合起來，力量就比他大，合得到達爾文「強權競爭」之說。他把他的政策定名為「合縱」，更可尋味。齊楚燕趙韓魏六國，發出六根力線，取縱的方向，向強秦攻打，明明是力學上的合力方式。

1 自然的規律，不是很像張弓射箭嗎？弦拉高了就把它壓低一些，低了就把它舉高一些，拉得過滿了就把它放鬆一些，拉得不足了就把它補充一些。

2 雞口，雞的口，小而潔。牛後，牛的肛門，大而不淨。「寧為雞口，無為牛後」全句為比喻人寧可在小場面中獨立自主，也不要在大場面為人所支配。

3 韓王當時想投向西方服事秦國，自稱是秦國東方的屬國，給秦王修築行宮，接受封賞，春秋兩季向秦進貢祭品，拱手臣服。

4 彼得·阿列克謝耶維奇·克魯泡特金所著的《互助論》，為無政府共產主義的基石。他認為互助行為皆有「促進社會繁榮，增加存活機會」的作用。

他這個法子，較諸管仲政策，涵義更深，所以必須揣摩期年，才研究得出來。他一研究出來，自己深信不疑地說道：「此真可以說當世之君矣。」[1]果然一說就行，六國之君，都聽他的話。《戰國策》曰：「當此之時，天下之大，萬民之眾，王侯之威，謀臣之權，皆決於蘇秦之策。」[2]又曰：「廷說諸侯之王，杜左右之口，天下莫之能抗。」[3]你想：戰國時候，百家爭鳴，是學術最發達時代，而蘇厚黑的政策，能夠風靡天下，豈是莫得真理嗎？

管蘇兩位大厚黑家定下的外交政策。形式雖不同，裡子是一樣的，都是合眾弱國以攻打強國，都是合力政策，然而管仲之政策成功，蘇秦之政策終歸失敗，縱約終歸解散，其原因安在呢？管仲和蘇秦，都是起的聯軍，大凡聯軍，總要有負責的首領。唐朝九節度相州之敗，中有郭子儀、李光弼諸名將，卒至潰敗者，就由於莫得負責的首領。齊國是聯軍的中堅分子，戰爭責任，一肩擔起，其他諸國，立於協助地位。六國則彼此立於對等地位，不相統轄，缺乏重心。蘇秦當縱約長，本然是六國的重心，無奈他這個人，莫得事業心，當初只因受了妻不下機，嫂不為炊[4]的氣，才發憤讀書，及佩了六國相印，可以驕傲父母妻嫂，就志滿意得，不復努力。你想當首領的人，都這個樣子，怎能成功？假令管大厚黑來當六國的縱約長，是決定成功的。

蘇秦的政策，確從學理上研究出來，而後人反鄙視之，其故何也？這只怪他早生了二千多年，未克復領教李宗吾的學說。他陳書數十篋，中間缺少了一部《厚黑叢話》，不知道「厚黑為裡，仁義為表」的法子。他遊說六國，純從利害上立論，赤裸裸的把厚黑表現出來，忘卻在上面糊一層仁義，所以他的學說，就成為邪說，無人研究，這是很可惜的。我們用厚黑史觀的眼光看去，他這個人，學識有餘，實行不足，平生事跡，可分兩截看：從刺股[5]至當縱約長，為一截，是學理上之成功；當縱約長以後，為一截，是實行上之失敗。前一截，我們當奉以為師；後一截，當引以為戒。

我們把春秋戰國外交政策研究清楚了，再來研究魏蜀吳三國的外交政策。三國中，魏最強，吳、蜀俱弱。諸葛武侯，在隆中，同劉備定的大政方針，是東聯孫吳，

1 這下真的可以去游說當代國君了！
2 在這個時候，那麼大的天下，那麼多的百姓，王侯的威望，謀臣的權力，都要被蘇秦的策略所決定。
3 在朝廷上勸說諸侯王，杜塞左右大臣的嘴巴，天下沒有人能與他匹敵。
4 形容家裡人對自己的冷淡，老婆不做衣給自己穿了，嫂子不做飯給自己吃了。
5 指蘇秦早年卻因為潦倒而受到家人的鄙夷，因此他發奮苦讀，每當熬夜讀書昏昏想睡的時候，就用錐尖扎刺大腿，使自己保持清醒。

北攻曹魏，合兩弱國以攻一強國，仍是蘇大厚黑的法子。史稱：孔明自比管、樂。我請問讀者一下：孔明治蜀，略似管仲治齊，自比管仲，尚說得去，惟他平生政績，無一點與樂毅[1]相似，以之自比，是何道理？這就很值得研究了。考之《戰國策》：燕昭王伐齊，是合五國之兵，以樂毅為上將軍。他是聯軍的統帥，與管仲相桓公，帥諸侯之兵以攻楚是一樣。燕昭王欲伐齊，樂毅獻策道：「夫齊霸國之餘教，而聚勝之遺事也，閒於兵甲，習於戰攻，王若欲攻之，則必舉天下而圖之。」[2]因主張合趙楚魏宋以攻之。孔明在隆中，對劉先帝說道：「曹操已擁百萬之眾，挾天子以令諸侯，此誠不可與爭鋒。」因此主張：西和諸戎，南撫夷越，東聯孫權，然後北伐曹魏，其政策與樂毅完全一樣。樂毅曾奉昭王之命，親身赴趙，把趙聯好了，再合楚魏宋之兵，才把齊打破。孔明奉命入吳，說和孫權，共破曹操於赤壁，其舉動也是一樣，此即孔明自比樂毅所由來也。至於管仲糾合眾弱國，以討伐最強之楚，與孔明政策相同，更不待言。由此知孔明聯吳伐魏的主張，不外管仲、樂毅的遺策。

東漢之末，天子失去統馭能力，群雄並起，與春秋戰國相似。孔明隱居南陽時，與諸名士討論天下大勢，大家認定：曹操勢力最強，非聯合天下之力，不能把他消滅，希望有春秋時的管仲和戰國時的樂毅這類人才出現。於是孔明遂自許：有管仲，樂毅的本事，能夠聯合群雄，攻打曹魏。這是所謂「自比管樂」了。不過古史簡略，只記「自比管仲樂毅」一句，把他和諸名士的議論概行刪去了，及到劉先帝三顧草廬時，所有袁紹、袁術、呂布、劉表等，一一消滅，僅剩一個孫權，所以隆中定的政策，是東聯孫吳，北攻曹魏。這種政策，是同諸名士細細討論過的，故終身照著這個政策行去。

「聯合眾弱國攻打強國」的政策，是蘇秦揣摹期年研究出來的，是孔明隱居南陽，同諸名士討論出來的，中間含有絕大的道理。人稱孔明為王者之才，殊不知：孔明淡泊寧靜，頗近道家，他生平所讀的，是最粗淺的兩部厚黑教科書，第一部是《韓非子》，他治國之術，純是師法申韓，曾手寫申韓以教後主，申子之書不傳，等我講厚黑政治時再談。第二部是《戰國策》，他的外交政策，純是師法蘇秦。《戰國策．蘇秦為楚合縱說韓王》載：「臣聞鄙諺曰：寧為雞口，無為牛後。今大王西面交

---

1 燕國著名軍事家，與管仲齊名。

2 齊國本來有霸主的傳統，打過多次勝仗，熟悉軍事，長於攻戰。大王如果要伐齊，必須發動天下的兵力來對付它。

臂而臣事秦，何以異於牛後乎？韓王忿然作色，攘臂按劍，仰天太息曰：寡人雖死，必不能事秦。」[1]《三國志》載：「孔明說孫權，叫他案兵束甲，北面降曹，孫權勃然曰：『吾不能舉全吳之地，十萬之眾，受制於人！』」[2]我們對照觀之，孔明的策略，豈不是與蘇厚黑一樣？

「聯眾弱國，攻打強國」的政策，非統籌全局從大處著眼看不出來。這種政策，在蜀只有孔明一人能了解，在吳只有魯肅一人能了解。魯肅主張捨出荊州，以期與劉備聯合，其眼光之遠大，幾欲駕孔明而上之。蜀之關羽，吳之周瑜、呂蒙、陸遜，號稱英傑，俱只見著眼前小利害，對於這種大政策全不了解。劉備孫權有相當的了解，無奈認不清，拿不定，時而聯合，時而破裂，破裂之後，又復聯合。最了解者，莫如曹操。他聽見孫權把荊州借與劉備，二人實行聯合了，正在寫字手中之筆都落了。其實孫劉聯合，不過抄寫蘇厚黑的舊文章，曹操是千古奸雄，聽了都要心驚膽戰，這個法子的厲害，也就可想而知了。

從上面的研究，可得一結論曰：當今之世，諸葛武侯復生，他的政策，決定是：退出國聯，組織世界弱小民族聯盟，向諸大強國進攻。

我們倡出「弱小民族聯盟」之議，聞者必惶然大駭，以為列強勢力這樣的大，我們組織弱小民族聯盟，豈不觸列強之怒，豈不立取滅亡？這種疑慮，是一般人所有的。當時六國之君，也有這樣疑慮。張儀知六國之君膽怯，就乘勢恐嚇之，說道：你們如果這樣幹，秦國必如何如何的攻打你。我勸你還是西向事秦，將來有如何的好處。六國聽他的話，遂連袂事秦，卒至一一為秦所滅。歷史俱在，諸君試取《戰國策》細讀一過，看張儀對六國的話，像不像拿現在列強勢力，去恐嚇弱小國一般？六國信張儀的話而滅亡，然則為小民族計，何去何從，不言而決。

蘇秦說六國聯盟，是從利害立論，說得娓娓動聽；張儀勸六國事秦，也是從利害立論，也是說得娓娓動聽。同是就利害立論，二說極端相反，何以俱能動聽呢？其差異之點：蘇秦所說利害，是就大者遠者言之，張儀是就小者近者言之。常人目光短淺，只看到眼前利害，雖以關羽、周瑜、呂蒙、陸遜這類才俊之士，尚不免為眼前小

1 我聽說有句俗話叫做：「寧願做小而潔的雞口，絕不做大而臭的牛屁股。」韓昭侯聽後萬分憤慨，振臂按劍，仰天長嘆道：「即使我死了，也不能歸順秦國。」

2 孔明勸孫權停戰，而當孫權質疑劉備為何不降時，諸葛亮以「守義不辱」、「安能屈處人下乎」這類充滿英雄氣慨之語答覆，明顯地告訴孫權，「我主劉備是英雄，你不是」。這就讓自尊心很強的孫權大受刺激，而對孔明說，我這般英雄實力比劉備強很多，他不降，我怎麼能降？怎麼能讓天下人恥笑？

利害所惑，何況六國昏庸之主？所以張儀之言，一說即入。由後日的事實來證明，從張儀之說而亡國，足知蘇秦之主張是對的。今之論者，怕觸怒列強，不敢組織弱小民族聯盟，恰走入張儀途徑。願讀者深思之！深思之！

蘇秦與張儀同學，自以為不及儀，後來回到家中，引錐刺股，揣摹期年，加了一番自修的苦功，其學力遂超出張儀之上，說出的話，確有真理。孟子對齊宣王曰：「海內之地，方千里者九，齊集有其一，以一服八，何以異於鄒敵楚哉？」[1]這種說法，宛然合縱聲口。孟子譏公孫衍[2]、張儀以順為正，是妾婦之道，獨未說及蘇秦。我們細加研究，公孫衍、張儀教六國事秦，儼如妾婦事夫，以順為正，若蘇秦之反抗強秦，正是孟子所謂「威武不能屈」之大丈夫。

孟子之學說，最富於獨立性。我們讀孟子答滕文公「事齊事楚」之問，答「齊人築薛」之問，答「事大國則不得免焉」之問[3]，獨立精神，躍然紙上。假令孟子生今之世，絕不會仰承列強鼻息，絕不會接受喪權辱國的條件。

宇宙真理，只要能夠徹底研究，得出的結果，彼此是相同的，所以管仲「尊周攘夷」的政策，律以孔子的《春秋》是合的，蘇秦「合眾弱國以抗一個強國」的政策，律以孟子的學說，也是合的，司馬光著《資治通鑑》，也說合縱是六國之利，足證蘇秦的政策是對的。我講厚黑學有兩句祕訣：「厚黑為裡，仁義為表。」假令我們明告於眾曰：「我們應當師法蘇秦聯合六國之法，聯合世界弱小民族。」一般人必詫異道：「蘇秦是講厚黑學的，是李瘋子一流人物，他的話都信得嗎？信了立會亡國。」我們改口說道：「此孔孟遺意也，此諸葛武侯之政策也，此司馬溫公之主張也。」聽者必歡然接受。

大丈夫寧為雞口，無為牛後，寧為玉碎，無為瓦全。中國以四萬萬民眾之國，在國聯中求一理事而不可得，事事惟列強馬首是瞻，亡國之禍，迫於眉睫。與其坐以待斃，孰若起而攻之？與其在國聯中仰承列強鼻息，受列強之宰割，曷若退而為弱小民族之盟主，與列強為對等之周旋？春秋之義，雖敗猶榮，而況乎斷斷不敗也。

---

1 現在華夏的土地，有九個縱橫各一千里那麼大，齊國不過佔有它的九分之一。憑九分之一想叫九分之八歸服，這跟鄒國抗拒楚國有什麼不同呢？

2 戰國時期出身於魏國的縱橫家。

3 滕文公問滕國夾在齊、楚兩大國中間，要服事齊國，還是服事楚國。孟子則答道：「這個問題不是我的能力所能回答的。如您定要我說，就只有一個主意：把護城河挖深，把城牆築牢，與百姓一道保衛它，百姓寧願死，也不離去，這樣，還是可以試一試的。」

晉時李特入蜀，周覽山川形勢，嘆曰：「劉禪有如此江山而降於人，豈非庸才？」中國有這樣的土地人民，而受制於東鄰三島，千秋萬歲後，讀史者將謂之何！余豈好講厚黑哉，余不得已也，凡我四萬萬民眾，快快的厚黑起來，一致對外！全世界被壓迫民族，快快的厚黑起來，向列強進攻。

孫中山演說集，載有一段故事，日俄戰爭的時候，俄國把波羅的海的艦隊調來，繞過非洲，走入日本對馬島，被日本打得全軍覆沒。這個消息傳出來，孫中山適從蘇伊士運河經過，有許多土人，看見孫中山是黃色人，現出很喜歡的樣子來問道：你是不是日本人呀？」孫中山說道：「我是中國人。你們為什麼這樣的高興呢？」他答應道：「我們東方民族，總是被西方民族壓迫，總是受痛苦，以為沒有出頭的日子。這次日本打敗俄國，我們當如自己打勝仗一樣，這是應該歡喜的，所以我們便這樣的高興。」我們試想：日本打敗俄國，與蘇伊士運河邊的土人何關？日本又從莫說過要替他們解除痛苦的話。他們現出這種樣子，世界弱小民族心理，也就可想見了。威爾遜提出「民族自決」的口號，大受弱小民族的歡迎。我們組織弱小民族聯盟，於「民族自決」之外，再加以「弱小民族互助」的口號，對內自決，對外互助，當然更受歡迎。且威爾遜不過徒呼口號而已，我們組織弱小民族聯盟，有特設之機關提挈之，更容易成功。

威爾遜「民族自決」之主張，其所以不能成功者，由於本身上是矛盾的。弱小民族，是被壓迫者，威爾遜代表美國，美國是列強之一，是站在壓迫者方面。威爾遜個人雖有這種主張，其奈美國之立場不同何？中國與弱小民族是站在一個立場，出來提倡「民族自決」，組織弱小民族聯盟，彼此互助，是決定成功的。

至於和會上威爾遜之所以失敗者，則由威爾遜是教授出身，不脫書生本色，未曾研究過厚黑學。美國參戰之初，提出十四條原則，主張「民族自決」。巴黎和會[1]初開，全世界弱小民族，把威爾遜當如救世主一般，以為他們的痛苦可以在和會上解除了。哪知英國的路易‧喬治，法國的克利滿梭，都是精研厚黑學的人，就說克利滿梭，綽號母大蟲，尤為兇悍，初聞威爾遜鼎鼎大名，見面之後，才知黔驢無技，時時

1 一九一八年十一月第一次世界大戰宣告結束。一九一九年一月，勝利的協約國為了解決戰爭所造成的問題，以及奠定戰後的和平，於是召開巴黎和會。這個和會因為戰敗國和中立國均未獲邀請參加，所以這是勝利國舉行的和會，而勝利國又有大小之分別，它又是個大國操縱的和會。分別由法國總理克利滿梭、英國首相大衛‧勞合‧喬治、美國總統威爾遜主導了和會的進行。

奚落他，甚至說道：「上帝只有十誡，你提出十四條，比上帝還多了四條，只好拿在天國去行使。」威爾遜只好忍受。後來義大利全權代表下旗歸國，日本全權代表也要下旗歸國，就把威爾遜嚇慌了，俯首貼耳，接受他們要求，而「民族自決」四字遂成泡影。

假令我這個厚黑教主是威爾遜，我就裝癡賣呆，聽憑他們奚落，坐在和會席上，一言不發，直待義大利下旗歸國，日本下旗歸國，已經出了國門，猝然站起來，在席上一拍巴掌說道：「你們要這樣幹嗎？我當初提出十四條原則，主張『民族自決』，你們認了可，我美國才參戰，而今你們這樣幹，使我失信於美國人民，失信於全世界弱小民族，而今只好領率全世界弱小民族，向你們英法義日四國決一死戰，才可見諒於天下後世。你母大蟲說我這十四條應拿在天國行使，你看我於一個星期內，用鮮血將這個地球染紅，就從這鮮血中現出一個天國，與你母大蟲看！」說畢，退出和會，應用我的補鍋法，把鍋敲破了再說，三十分鐘內，通電全世界，叫所有弱小民族一致起來，對列強反戈相向，由美國指揮作戰。這樣一來，請問英法敢開戰嗎？當日事實俱在，我們不妨研究一下，德國戰鬥力並未損失，最感痛苦者，食料被列國封鎖耳。只要接濟他的糧食，單是一個德國，已夠英法對付。大戰之初，英法許殖民地許多權利，弱小民族拋棄舊日嫌怨，一致贊助。印度甘地，也叫他的黨徒幫助英國，原想戰勝之後，可以抬頭，哪知和會上，列強食言，弱小民族，正在含血噴天。有了威爾遜這樣的主張，他們在戰地，還有不立即倒戈嗎？兼之美國是生力軍，國家又富，英法已是精疲力倦，如果實行開戰，可斷定：一個星期，把英法打得落花流水。這個戰火，請問英法敢打嗎？如果要我美國不打，除非十四條條條實行，並須加點利息，格外增加兩條。何以故呢？因為你英法諸國，素無信義，明明白白的承認了的條件，都要翻悔，所以十四條之外，非增加兩條，以資保障不可。威爾遜果然這樣幹，難道「民族自決」之主張，不能實現嗎？無奈威爾遜一見義大利和日本的使臣下旗歸國，就手忙腳亂，用「鋸箭法」了事，竟把千載一時之機會失去，惜哉！惜哉！不久箭頭在內面陸續發作，中國東北四省，無端失去，阿比西尼亞，無端受義大利之摧殘。世界第二次大戰，行將爆發。凡此種種，都由威爾遜在和會席上少拍了一巴掌之故。甚矣，厚黑學之不可不講也！

上述的辦法，以威爾遜的學識，難道見不到嗎？就說威爾遜是書呆子，不懂厚黑學，同威爾遜一路到和會的，有那麼多專門人才，那麼多外交家，一個個都是在厚黑場中來來往往的人，難道這種粗淺的厚黑技術都不懂得，還待李瘋子來說嗎？他們懂是懂得的，只是不肯這樣幹，其原因就是弱小民族是被壓迫者，美國是壓迫者之一，根本上有了這種大矛盾，美國怎能這樣幹呢？

威爾遜提出「民族自決」四字，與他本國的立場是矛盾的。日本是精研厚黑學的，窺破威爾遜有此弱點，就在和會上提出「人種平等」案，朝著他的弱點攻去，意若曰：「你會唱高調，等我唱個高調，比你更高。」這本是厚黑學的妙用，果然把威爾遜制住了。然而威爾遜畢竟是天稟聰明，他並莫有讀過厚黑學譯本，居然懂得厚黑哲理，他明知「民族自決」之主張，為列強所不許，為本國所不許，竟大吹大擂起來，鬧得舉世震驚，此即是鄙人「辦事二妙法」中之「補鍋法」也，把鍋之裂痕，敲得長長的，乘勢大出風頭，迨至義大利和日本全權代表要下旗歸國，他就馬馬虎虎了事，此「辦事二妙法」中之「鋸箭法」也。威爾遜可以昭告世界曰：「『民族自決』之主張，其所以不能貫徹者，非我不盡力也，其奈環境不許何！其奈英法義日之不贊成何。」是無異外科醫生對人說道：「我之只鋸箭幹而不取箭頭者，非外科醫生不盡力也，其奈內科醫生袖手旁觀何！」噫，威爾遜真厚黑界之聖人哉！

中國八股先生有言曰：「東海有聖人，西海有聖人，此心同，此理同也。」鄙人發明補鍋法、鋸箭法，此先知先覺之東方聖人也。威爾遜實行補鍋法、鋸箭法，不勉而中，不思而得，雖欲不謂之西方聖人，不可得已。

我當日深疑：威爾遜是個老教書匠出身，是一個書呆子，何以會懂得補鍋法、鋸箭法？後來我多方考察，才知他背後站有一位軍師，豪斯大佐，是著名的陰謀家，是威爾遜的腦筋。威爾遜之當總統，他出力最多。威爾遜的閣員，大半是他推薦的。所有美國絕交參戰也，山東問題也，都是此公的主張。他專門唱後臺戲，威爾遜不過登場之傀儡罷了。威爾遜聽信此公的話，等於劉邦之聽信張子房。我們既承認劉邦為厚黑聖人，就呼威爾遜為厚黑聖人，也非過譽。

一般人都以為巴黎和會，威爾遜厚黑學失敗，殊不知威爾遜之失敗，即是威爾遜之成功；他當美國第二十八屆的總統，試問：從前二十七位總統，讀者諸君，記得幾人姓名？我想除了華盛頓、林肯二人，鼎鼎大名而外，第三恐怕要數威爾遜了。任人如何批評，他總算是歷史上有名人物。問其何修而得此，無非是善用補鍋法、鋸箭法罷了，假使他不懂點厚黑學，不過混在從前二十七位總統中間，姓名若有若無，威爾遜三字，安能赫赫在人耳目？由是知：厚黑之功用大矣哉！成則建千古不朽之盛業，敗亦留宇宙大名，讀者諸君快快的與我拜門，只要把臉兒弄得厚厚的，心兒弄得黑黑的，跳上國際舞臺，包管你名垂宇宙，包管你把世界列強打得棄甲曳兵而逃。

巴黎和會，聚世界厚黑家於一堂，鉤心鬥角，彷彿一群拳術家在擂臺上較技。我們站在臺下，把他們的拳法看得清清楚楚，當用何種拳法才能破他，臺下人了了然然，臺上人反漠然不覺。當初威爾遜提出「民族自決」之主張，大得弱小民族之歡迎，深為英法義日所不喜，可知「民族自決」四字，可以擊中列強的要害。及後日本提出「人種平等」案，威爾遜就啞口無言，而「民族自決」案就無形打消，可知「人種平等」四字，可以擊中歐美人的要害。中國如出來提倡「弱小民族聯盟」，把威爾遜的「民族自決」案和日本的「人種平等」案合一爐而治之，豈不更足以擊中他們的要害嗎？美國和日本，是站在壓迫者方面的，威爾遜主張的「民族自決」，日本主張的「人種平等」，不過口頭拿來說說，並無實行的決心，已經鬧得舉世震驚，列強大嚇；中國是站在被壓迫者方面，循著這個路子做去，口頭這樣說，實際上就這樣做，並且猛力做，當然收很大的效果。

譬之打戰，先要偵探一下，再用兵略略攻打一下，才知敵人某處虛，某處實，既把虛實明了了，然後才向著他的弱點猛攻。陸遜[1]大破劉先帝，就是用的這個法子。劉先帝連營七百里，陸遜先攻一營不利，對眾人說道：「他的虛實，我已知道了，自有破之之法。」於是縱火燒之，劉先帝遂全軍潰敗。威爾遜提出「民族自決」案，舉世震動，算替弱小民族偵探了一下，日本提出「人種平等」案，就把威爾遜夾持著了，算是向列強略略攻了一下。他們幾位厚黑家，把自家的弱點盡情暴露，我們就向著這個弱點猛力攻去，他們的帝國主義，當然可以一舉而摧滅之。

劉先帝之失敗，是由於連營七百里，戰線太擺寬了。陸遜令軍士每人持一把茅，隔一營，燒一營，同時動作，劉先帝首尾不能相顧，遂至全軍潰敗。列強殖民地太寬，彷彿劉先帝連營七百里一般。我們糾約世界弱小民族，同時動作，等於陸遜燒連營，遍地是火，列強首尾不能相顧，他們的帝國主義，當然潰敗。英國自誇：凡是太陽所照之地，都有英國的國旗。我們把「弱聯會」組織好了，可說：凡是太陽所照之地，英國人都該挨打。劉先帝身經百戰，矜驕極了，以為陸遜是個少年，不把他放在眼裡。不知陸遜能夠忍辱負重，是厚黑界後起之秀，猝然而起，出其不意，把這位老厚黑打得一敗塗地。列強自恃軍械精利，把中國看不在眼，矜驕極了。中國備受欺淩，事事讓步，忍辱負重，已經到了十二萬分，當然學陸遜，猝然而起，奮力一擊。

1　三國時代吳國著名的軍事家、政治家。

有人謂：弱小民族，極形渙散，不易聯合。這也不必慮，以歷史證之；嬴秦之末，天下苦秦苛政，陳涉振臂一呼，山東豪俊，群起響應，立即嬴秦滅了。這是什麼道理呢？因為人人積恨嬴秦已久，人人都想推倒他，心中發出的力線，成為方向相同的合力線，所以陳涉起事之初，並未派人去聯絡山東豪俊，而山東豪俊，自然與之行動一致。現在列強壓迫弱小民族，苛虐情形，較諸嬴秦，有過之無不及，嬴秦亡國條件，列強是具備了的。中國出來，當一個陳涉，振臂一呼，世界當然聞風響應。

劉備、孫權兩位厚黑家，本是郎舅之親，大家的眼光注射在荊州上，劉備把他向西拖，孫權把他向東拖，力線相反，其圖如（A）。於是郎舅決裂，夫婦生離，關羽被殺，七百里之連營被燒，劉先帝東征兵敗，身死白帝城，吳蜀二國，幾成了不共戴天之仇。後來諸葛亮遣鄧芝入吳，約定同齊伐魏，目標一變，心理即變，其圖如（B）。於是仇雠之國，立即和好。心理變化，循力學公例而行。（A）圖力線，是橫的方向，彼此是衝突的，（B）圖的力線，是縱的方向，是合力的方式，彼此不生衝突。中國連年內亂，其原因是由國人的目光註射在國內之某一點，彼此的力線，成了橫的方向，當然生衝突。我們應當師法諸葛武侯。

另提目標，使力線成縱的方向，國內衝突，立即消滅。問：「提什麼目標？」答

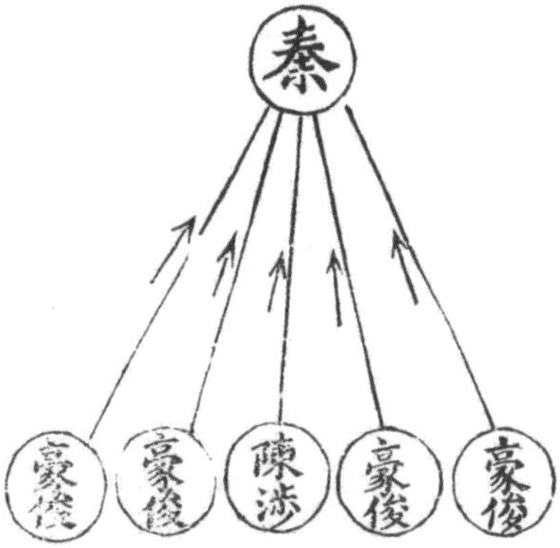

方向相同的合力線

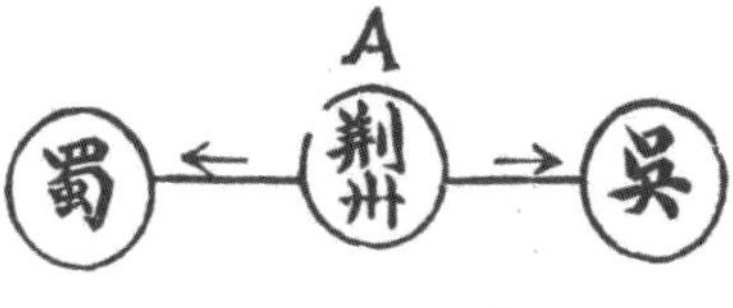

圖A

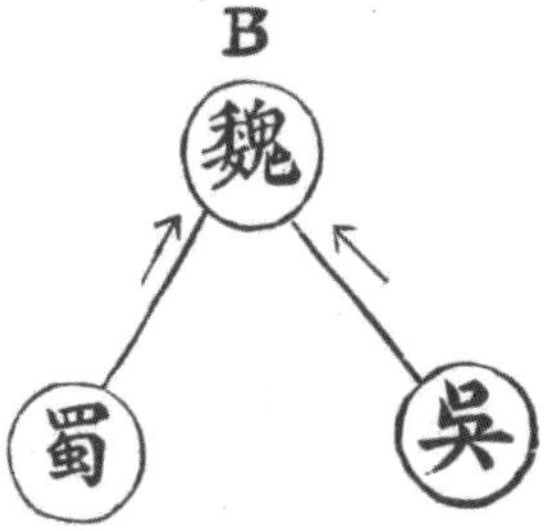

圖B

曰：「提出組織弱小民族聯盟之主張，全國人一致去幹這種工作。」譬之射箭，以列強為箭垛，四萬萬人，有四萬萬支箭，支支箭向同一只箭垛射去，成了方向相同之合力線，每支箭是不生衝突的。於是安內也，攘外也，就成為二而一，一而二了。奉勸讀者諸君，如果有志救國，非研究我的厚黑學不可。

我們學過物理學，即知道凡是鐵條，都有磁力。只因內部分子淩亂，南極北極相消，才顯不出磁力來。如用磁石在鐵條上引導了一下，內部分子，南北極排順，立即發出磁力。中國四萬萬人，本有極大的力量，只因內部淩亂，故受外人的欺淩。我們只要把內部排順了，四萬萬人的心理，走在同一的線上，發出來的力量，還了得嗎？問：「四萬萬人的心理，怎能走在同一的線上呢？」我說：「我發明的厚黑學，等於一塊磁石，你把他向國人宣傳，就等於在鐵條上引導了一下，全國分子，立可排順，以此制敵，何敵不摧？以此圖功，何功不克？只要把厚黑學研究好了，何畏乎日本？何畏乎列強？」

日本的厚黑家，可以反詰我道：「據你說，吳蜀二國結下不解之深仇，諸葛武侯提出伐魏之說，以魏為目標，二國立即和好。而今你們中國人仇視日本，我日本提出『中日聯合，抵抗蘇俄』的主張，以蘇俄為目標，豈不與諸葛武侯聯吳伐魏的政策一樣嗎？怎麼你這個厚黑教主，還說要攻打日本呢？」我說：「你這話可謂不通之極！荊州本是孫權借與劉備的，孫權取得荊州，物歸原主，吳蜀二國，立於對等地位，故能說聯合伐魏的話。日本占據東四省，進窺平津，純是劫賊行為，世間哪有同劫賊聯合之理？必須恢復了九一八以前的狀況，荊州歸還了孫權，才能說聯合對俄的話。」日本是入室之狼，俄國是臥門之虎，歐美列強，是宅左宅右之獅豹，必須把室中之狼驅逐出去了，才能說及門前之虎，才能說及宅左宅右之獅豹。

卷六

我是八股學校的修業生，中國的八股，博大精深，真所謂宗廟之美，百官之富。我寢饋數十年，只能說是修業。不敢言畢業。我作八股有兩個祕訣：一曰：抄襲古本；二曰：作翻案文字。先生出了一道題，尋一篇類似的題文，略略改換數字，沐手敬書的寫去，是曰抄襲古本。我主張弱小民族聯盟，這是抄襲管仲、蘇秦和諸葛亮三位的古本。人說冬瓜做不得甑子，我說，冬瓜做得甑子並且冬瓜做的甑子，比世界上任何甑子還要好些。何以故呢？世界上的甑子，只有裡面蒸的東西吃得，甑子吃不得，惟有冬瓜做的甑子，連甑子都可以當飯吃。此種說法，即所謂翻案文字也。我說：厚黑可以救國，等於說冬瓜可以做甑子，所以我的學說最切實用，是可以當飯吃的。

剿襲陳言[1]，為作文之大忌，俾斯麥唱了一齣鐵血主義的戲，全場喝采，德皇維廉第二，重演一齣，一敗塗地，日本接著再演，將來決定一敗塗地。諸君不信，請拭目以觀其後。

抄襲古本，總要來得高明，諸葛武侯，治國師法申韓，外交師法蘇秦，明明是縱橫雜霸之學，後人反說他有儒者氣象，明明是霸佐之才，反說他是王佐之才。此公可算是抄襲古本的聖手。

剿寫文字的人，每喜歡剿寫中式之文，殊不知應當剿寫落卷[2]，鐵血主義四字，俾斯麥中式之文也，我們萬不可剿寫，民族自決四字，是威爾遜的落卷，人種平等四字，是日本的落卷，如果沐手敬書出來，一定高高中式。九一八這類事，與其訴諸國聯，訴諸英美，無寧訴諸非洲澳洲那些野蠻人，訴諸高麗、臺灣那些亡國民，表面看

1 剿襲同抄襲，指剽竊人言以為己說。陳言指陳舊的言辭。

2 落榜者的試卷。

去，似是做翻案文字，實在是抄寫威爾遜的落卷，抄寫日本的落卷。

川省未修馬路以前，我每次走路，見著推車的，抬轎的，邀馱馬的，挑擔子的，來來往往，如螞蟻一般，寬坦的地方，安然過去，一到窄路，就彼此大罵，你怪我走得不對，我怪你走得不對。我心中暗暗想道：何嘗是走得不對，無非是路窄了的關係。中國組織、政權集中在上面，任你有何種抱負，非握得政權施展不出來，於是你說我不對，我說你不對。其實非不對也，政治舞臺，地位有限，容不了許多人，等於走入窄路一般。無怪乎全國中志士和志士，吵鬧不休。

以外交言之，我們當辟一條極寬的路來走，不能把責任屬諸當局的幾個人。什麼是寬路呢？提出組織弱小民族聯盟的主張，這個路子就極寬了，舞臺就極大了，任有若干人，俱容得下。在國外的商人、留學生和遊歷家，可以直接向弱小民族運動；在國內的，無論在朝在野，無論哪一界，都可擔任種種工作。四萬萬人的目標，集中於弱小民族聯盟之一點，根根力線，不相衝突，不言合作而合作自在其中。有了這種寬坦的大路可走，政治舞臺只算一小部分，不須取得政權，救國的工作也可表現出來，在野黨、在朝黨，也就無須吵吵鬧鬧的了。

民主國人民是皇帝，無奈中國四萬萬人，不想當英明的皇帝，大家都以阿斗自居，希望出一個諸葛亮，把日本打倒，把列強打倒，四萬萬阿斗，好坐享其成。我不禁大呼道：陛下誤矣！阿斗者，亡國之主也！有阿斗就有黃皓[1]，諸葛亮千載不一出，且必三顧而後出，黃皓則遍地皆是，不請而自來。中國之所以瀕於危亡者，正由全國人以阿斗自居所致。我只好照抄一句《出師表》曰：「陛下不宜妄自菲薄。」我們何妨自己就當一個諸葛亮，自己就當一個劉先帝。我這個厚黑教主，不揣冒昧，自己就當起諸葛亮來，我寫的《厚黑叢話》，即是我的「隆中對」[2]，我希望讀者諸君，大家都來當諸葛亮，各人提出一種主張，四萬萬人就有四萬萬篇「隆中對」。同時我們又化身為劉先帝，成了四萬萬劉先帝，把四萬萬篇「隆中對」加意選擇。假令把李厚黑的弱小民族聯盟選上了，我們四萬萬劉先帝，就親動聖駕，做聯吳伐魏的工作，想出種種法子，去把非洲澳洲那些野蠻國，與夫高麗、臺灣、安南、緬甸那些亡國民聯為一氣，向世界列強進攻。

欲求中國獨立？必先求四萬萬人能獨立，四萬萬根力線挺然特立，根根力線，直

1 三國時期人物，蜀漢後主劉禪時的宦官。

2 是指東漢末年諸葛亮與劉備初次會面的談話內容，為劉備集團三分天下指明了方向。

射列強，欲求國之不獨立，不可得已。問：四萬萬力線何以能獨立？曰：先求思想獨立。能獨立乃能合作，中國四萬萬人不能合作者，由於四萬萬人不能獨立之故。不獨立則為奴隸，奴隸者，受驅使而已，獨立何有！合作何有！

野心家辦事，包攬把持，視眾人如奴隸，彼所謂抗日者，率奴隸以抗日以謂也。日本在東亞，包攬把持，視中國人如奴隸，彼所謂抗俄者，率奴隸以抗俄之謂也。既無獨立的能力，哪有抵抗的能力，所以我們要想抵抗日本，抵抗列強，當培植人民的獨立性，不當加重其奴隸性。我寫這部《厚黑叢話》，千言萬話，無非教人思想獨立而已。故厚黑國的外交，是獨立外交，厚黑國的政策，是合力政策。軍商政學各界的厚黑家，把平日的本事直接向列強行使，是之謂厚黑救國。

孔子謂子夏曰：「汝為君子儒，無為小人儒。」[1]我教門弟子曰：「汝為大厚黑，無為小厚黑。」請問大小厚黑，如何分別？張儀[2]教唆六國互相攻打，是小厚黑。孫權和劉備，互爭奪荊州，是小厚黑。要管仲和蘇秦的法子，才算大厚黑。日本占據東北四省，占據平津，是小厚黑。歐美列強，掠奪殖民地，是小厚黑。鄙人主張運動全世界弱小民族，反抗日本和列強，才算大厚黑。孟子曰：「小固不可以敵大。」[3]我們的大厚黑成功，日本和列強的小厚黑當然失敗。

中國只要把弱小民族聯盟明定為外交政策，政府與人民打成一片，全國總動員，一致去做這種工作，全國目光，注射國外，成了方向相同的合力線，不但內爭消滅，並且抵抗日本和列強，也就綽綽然有餘裕了，開戰也可，不開戰也可。惜乎諸葛武侯死了，恨不得起斯人於地下，而與之細細商榷。

我們一談及弱小民族聯盟，反抗列強，聞者必疑道：「列強有那樣的武力，弱小民族如何敵得過？」殊不知戰爭的方式最多，武力只佔很小一部分。以戰爭之進化言之，最初只有戈矛弓矢，後來進化，才有槍彈，這是舊式戰爭。再進化有飛機炸彈，這是日本在淞滬之役用以取勝的，是墨索里尼在阿比西尼亞用以取勝的。再進化則為化學戰爭，有毒瓦斯、毒菌、死光等等，這是第二次世界大戰，一般人所凜凜畏懼的。再進化則為經濟戰爭，英國對義制裁，即算是用這種戰術。人問：經濟戰爭之上，還有戰術莫得？我答道：還有，再進化則為心理戰爭。三國時馬謖曾說：「用兵

1 你要成為修身、齊家、治國、平天下的儒者，不要只是個心量狹小的儒者而已。

2 戰國時期著名的縱橫家。提倡連橫，即秦國聯合其他諸侯國，再對抗其他國家。

3 指人少抵擋不過人多勢眾的。

之道，攻心為上，攻城為下，心戰為上，兵戰為下。」[1]這即是心理戰爭。心理戰爭的學說中國發明最早。戰國時，孟子說：「天時不如地利，地利不如人和。」此心理戰爭之說也。又云：「則鄰國之民，仰之若父母矣，率其子弟，攻其父母，自生民以來，未有能濟者也，如此則無敵於天下。」[2]此心理戰爭之說也。我們從表面上看去，這種說法，豈非極迂腐的怪話嗎？而不知這是戰術中最精深的學說，一般人特未之思耳。

現在列強峙立的情形，很像春秋戰國時代。春秋戰國，為中國學術最發達時代，賢人才士最多。一般學者所倡的學說，都是適應環境生出來的，都是經過苦心研究，想實際的解決時局，並不是徒託空談，所以他們的學說很可供我們今日之參考。即以兵爭一端而論，春秋時戰爭劇烈，於是孫子的學說應運而生，他手著的十三篇，所談的是軍事上最高深的學理。這是中外軍事家所公認的。到了戰國時代，競爭更激烈，孫子的學說已經成了普通常識。於是孟子的學說，又應運而生，發明了心理戰爭的原則，說道：「可使製挺，以撻秦楚之堅甲利兵。」[3]無奈這種理論太高深了，一般人都不了解，以為世間哪有這類的事！哪知孟子死後，未及百年，陳涉揭竿而起，立把強秦推倒，孟子的說法居然實現，豈非很奇的事嗎？

現在全世界兵爭不已，識者都認為非到世界大同，人民是不能安定的。戰國時情形也是這樣，所以梁襄王問：「天下惡乎定？」[4]孟子對曰：「定於一。」也認為：非統一是不能安定的。然則用何種方法來統一呢？現今的人，總是主張武力統一，而孟子的學說則恰恰相反。梁襄王問：「孰能一之？」孟子曰：「不嗜殺人者能一之。」主張武力統一者，正是用殺字來統一，孟子的學說，豈非又是極迂腐的怪話嗎？後來秦始皇併吞六國，算是用武力把天下統一了，迨至漢高入關，除秦苛政，約法三章，從「不嗜殺」三字做去，竟把秦的天下奪了。孟子的學說，又居然實現，豈不更奇嗎？楚項羽坑秦降卒二十餘萬人於新安城南，又屠咸陽，燒秦宮室，火三月不絕，其手段之殘酷，豈不等於墨索里尼在阿比西尼亞種種暴行嗎？然而項羽武力統一

---

1 戰略上的致勝之道，收服人心為上策，武力征伐為下策。

2 鄰國的人民愛慕他，就像是兒女仰慕自己的父母。當鄰國的國君，想率領人民來侵伐時，就好像率領著人家的子弟，攻打他們的父母一樣，自從世界有人以來，從來沒有能成功的。能這樣，即能天下無敵。

3 出自《孟子．梁惠王》，意指可以讓他們拿起木棍打贏盔甲堅硬、刀槍銳利的秦楚兩國的軍隊，為「仁者無敵」的出處。

4 天下要怎樣才能安定呢？

的迷夢，終歸失敗，死在漢高祖手裡。這是什麼道理呢？因為高祖的謀臣是張良、陳平，他二人是精研厚黑學的，懂得心理戰爭的學理，應用最高等戰術，故把項羽殺死。這是歷史上的事實，很可供我們的研究。

秦始皇和楚項羽，純恃武力，是用一個殺字來統一；漢高祖不嗜殺人，是用一個生字來統一。生與殺二者，極端相反，然而俱有統一之可能，這是什麼道理呢？因為凡人皆怕死，你不服從我，我要殺死你，所以殺字可以統一；凡人皆貪生，你如果擁護我，我可以替你謀生路，所以生字也可以統一。孟子說的「不嗜殺人者能一之」，完全是從利害二字立論，律以我的厚黑學，是講得通的，所以他的學說，能夠生效。

當舉世戰雲密布的時候，各弱小國的人民，正在走投無路，不知死所，忽然有一個國家，定出一種大政方針，循著這個方針走去，是唯一的生路，這個國家，豈不等於父母替子弟謀生路嗎？難道不受弱小國的人民熱烈擁戴嗎？孟子說：「鄰國之民，仰之若父母，率其子弟，攻其父母，自生民以來，未有能濟者也。」就是基於這種原則生出來的。不過我這種說法，道學先生不承認的，他們認為：孟子的學說，純是道德化人，若參有利害二字，未免有損孟子學說的價值。這種說法，我也不敢深辯，只好同我的及門弟子和私淑弟子研究研究！

秦始皇、楚項羽，用殺字震懾人民，漢高祖用生字歆動[1]人民，人之天性，好生而惡死，故秦皇、項羽為人民所厭棄，漢高祖為人民所樂戴。秦項敗，而漢獨成功，都是勢所必至，理有固然。由此知殺字政策，敵不過生字政策。日本及列強，極力擴張軍備，用武力鎮壓殖民地，是走的秦皇、項羽的途徑。大戰爆發在即，全世界弱小民族，正在走投無路，我們趁此時機，提倡弱小民族聯盟，向他們說道：「這是唯一的生路，所謂民族自決也，人種平等也，掃滅帝國主義也，惟有走這條路，才能實現。你們如果跟著列強走，將來大戰爆發，還不是第一次大戰一樣，只有越是增加你們的痛苦的。」我們倡出這種論調，弱小民族還有不歡迎的嗎？我們獲得弱小民族的同情，把弱聯會組織起，以後的辦法就很多很多，外交方面，就進退裕如了。

楚漢相爭，項羽百戰百勝，其力最強，高祖百戰百敗，其力最弱，而高祖卒把項羽打敗者，他有句名言：「吾寧鬥智不鬥力。」這即是楚漢成敗的關鍵。漢高祖是厚黑界的聖人，他的聖訓，我們應該細細研究。日本和歐美列強，極力擴張軍備，是為

1 心動而羨慕。

鬥力，我們組織世界弱小民族聯盟，采用經濟戰爭和心理戰爭，是為鬥智。我們也不是廢去武力不用，只是專門研究經濟和心理兩種戰爭的方術，輔之以微弱的武力，就足以打倒帝國主義而有餘了。

請問：漢高祖鬥智，究竟用的什麼法子呢？他從彭城大敗而回，問群臣有什麼策略，張良勸他把關以東之地捐與韓信、彭越、黥布三人，信為齊王，越為梁王，黥布為九江王。高祖聯合他們，仍是一種聯軍方式。高祖用主力兵，在滎陽城，與項羽相持，而使信、越等三人，從他方面進攻，項羽遂大困。鴻溝議和後，項羽引兵東還，高祖追之，項羽還擊，高祖大敗，乃用張良之計，把睢陽以北之地劃歸彭越，陳以東之地劃歸韓信，於是諸侯之師，會於垓下，才把項羽殺死。由是知：漢高祖所謂鬥智者，還不是襲用管厚黑、蘇厚黑的故智，起一種聯軍罷了。

我們從歷史上研究，得出一種公例：凡是列國紛爭之際，弱國唯一的方法，是糾合眾弱國，攻打強國。任是第一流政治家，如管仲、諸葛武侯諸人，第一流謀臣策士，如張良、陳平諸人，都只有走這一條路，已成了歷史上的定例。然而同是用這種法子，其結果則有成有敗，其原因安在呢？我們可再加研究。

我們在前面，曾舉出五個實例：（1）管仲糾合諸侯，以伐狄、伐戎、伐楚，這是成了功的。（2）樂毅合五國之兵以伐齊，這是成了功的。（3）蘇秦聯合六國以攻秦，卒之六國為秦所滅，這是失敗了的。（4）漢高祖合諸侯之兵以攻項羽，這是成了功的。（5）諸葛亮倡吳蜀聯盟之策，諸葛亮和孫權在時，尚能支持曹魏，他二人死後，後人秉承遺策做去，而吳蜀二國，終為司馬氏所滅，這也算是失敗了的。我們就這五種實例推求成敗之原因，又可得出一種公例：各國聯盟，中有一國為主幹，其餘各國為協助者，則成功；各國立於對等對位，不相統屬者，則失敗。齊之稱霸，是齊為主幹，其他諸侯則為協助；燕之伐齊，燕為主幹，其他四國則為協助；漢之滅楚，漢高祖為主幹，眾諸侯為協助，所以皆能成功。六國聯盟，六國不能統屬；吳蜀聯盟，二國也不相統屬，所以俱為敵人所滅。中國組織弱聯會，中國當然是主幹，當然成功。

現在國際的情形，既與春秋戰國相似，我們就應該把春秋時管厚黑的方法和戰國時蘇厚黑的方法，融合為一而用之，管仲的政策，是尊周攘夷，先揭出尊周的旗幟，一致擁護周天子，把全國力量集中起來，然後才向外夷攻打，伐狄、伐戎、伐楚，各個擊破。蘇秦的政策，是合六個弱國，攻打一個強秦。我們可把全世界弱小民族，看作戰國時之六國，把英、法、德、美、義、俄、日諸強國，合看為一個強秦，先用管仲的法子，把全國力量集中起來，擁護中央政府，以整個的中國與全世界弱小民族聯合，組織一個聯盟會；迨至這種聽盟組織成功，即用堂堂之鼓，正正之旗，向列強一致進攻，他們赤白兩色帝國主義，自然崩潰。

有人問：「中國內部這樣的渙散，全國力量，怎能集中起來？」我說：「我所謂集中者，是思想集中，全國人的心理，走在一條線上，不必定要有何種形式。」例如：我李瘋子提出弱小民族聯盟之主張，有人說：這種辦法是對的，又有人說不對，大家著些文字，在報章雜誌上討論，結果一致認為不對，則不用說，如一般人認為對，政府也認為對，我們就實行幹去。如此，則不言擁護中央政府，自然是擁護中央政府，不言全國力量集中，自然是全國力量集中。所以我們要想統一全國，當先統一全國思想。所謂統一思想者，不是強迫全國人之思想必須走入某一條路，乃是使人人思想獨立，從學理上、事勢上徹底研究，大家公認為某一條路可以走，才謂之思想統一。

有人難我道：「你會講厚黑學，聯合弱小民族，向列強進攻，難道列強不能講厚黑學，一齊聯合起來，向弱小民族進攻嗎？」我說：「這是不足慮的，證以過去的歷史，他們這種聯合，是不能成功的。」

戰國時，六國聯盟，有人批評他：「連雞不能俱飛。」[1]六國之失敗，就是這個原因。如果列強想聯合起來，對付弱小民族，恰犯了連雞不能俱飛之弊。語曰：「蛇無頭而不行。」列強不相統屬，尋不出首領，是謂無頭之蛇。我們出來組織弱小民族聯盟，中國是天然的首領，是謂有頭之蛇。列強與列強，利害衝突，矛盾之點太多，步調斷不能一致，要聯合，是聯合不起的。弱小民族，利害共同，彼此之間，尋不出絲毫衝突之點，一經聯合，團體一定很堅固。

前次大戰，列強許殖民地許多權利，戰後食言，不惟所許利益不能得，反增加許多痛苦。殖民地含恨在心，如果大戰重開，斷難得殖民地之贊助，且或乘機獨立，這是列強所深慮的。日本精研厚黑學，窺破此點，所以九一八之役，悍然不顧，硬以第二次大戰相威脅，列強相顧失色。就中英國殖民地更寬，怕得更厲害，因此國聯只好犧牲中國的滿州，任憑日本為所欲為。德國窺破此點，乘機撕毀和約，英法也無如之何。墨索里尼窺破此點，以武力壓迫阿比西尼亞，英國也無如之何。其唯一之方法，

1 縛在一起的雞不能飛。喻群雄相互牽制，不能一致行動。

無非是以第二次大戰相威脅而已，無非是實行厚黑學而已。

世界列強，大講其厚黑學，看這個趨勢，第二次世界大戰是斷不能避免的。戰爭結果，無論誰勝誰負，弱小民族總是供他們犧牲的。我們應該應用厚黑哲理，趁大戰將發未發之際，趕急把弱小民族聯盟組織好，乘機予列強一種威脅，這個大戰，與其由列強造成，弱小民族居於被動地位，毋寧由弱小民族造成，使列強居於被動地位。明明白白告訴列強道：你不接受我們弱小民族的要求，我們就把第二次大戰與你們造起來。請問世界弱小民族，哪個敢談這個話呢？這恐怕除了我中華民國，再莫有第二個。請問我中國怎敢談這類強硬話呢？則非聯合世界弱小民族為後盾不可。

從前陳涉起事，曾經說過：「逃走也死，起事也死，同是一死，不如起事好了。」弱小民族今日所處地位，恰與陳涉相同，大戰所以遲遲未發者，由於列強內部尚未準備完好，我們與其坐受宰割，毋寧先發制人，約集全世界弱小民族，死中求生。不然他們準備好了，大戰一開，弱小民族就永無翻身之日了。

全世界已劃為兩大戰線，一為壓迫者，一為被壓迫者，孫中山講民族主義，已斷定第二次世界大戰是被壓迫者對壓迫者作戰，是十二萬萬五千萬人對二萬萬五千萬人作戰，無奈日本人口，除去臺灣、高麗而外，全國約計六千萬，也辜負孫中山之期望，變為明火劫搶之惡賊。所以我們應當秉承孫中山遺教，糾集被壓迫之十萬萬四千萬人，向赤白兩色帝國主義四萬萬六千萬人作戰，才算順應進化之趨勢。現在這夥強盜，互相火拚，乃是全世界被壓迫民族同時起事的好機會，我們平日練習的厚黑本事，正好拿出來行使，以大厚黑破他的小厚黑。不然，第二次大戰：仍是列強與列強作戰，弱小民族，牽入漩渦，受無謂之犧牲，豈不違反中山遺訓嗎？豈不違反進化公例嗎？

我講厚黑學，分三步工夫，諸君想還記得。第一步：面皮之厚，厚如城墻；心子之黑，黑如煤炭。第二步：厚而硬，黑而亮。第三步：厚而無形，黑而無色。日本對於中國，時而用劫賊式武力侵奪，時而用娼妓式大談親善，狼之毒，狐之媚，二者俱備。所謂厚如城墻，黑如煤炭，他是做到了的，厚而硬，也是做到了的，惟有黑而亮的工夫，他卻毫末夢見。曹操是著名的黑心子，而招牌則透亮，天下豪俊奔集其門，明知其為絕世奸雄，而處處覺得可愛，令人佩服。日本則心子與招牌同黑，成了世界公敵，如蛇蠍一般，任何人看見，都喊「打！打！」，所以日本人的厚黑學越講得好，將來失敗越厲害。何以故？黑而不亮故。它只懂得厚黑學的下乘法，不懂上乘法，他同不懂厚黑學的人交手，自然處處獲勝，若遇著名手，當然一敗塗地。

我們組織弱小民族聯盟，向列強攻打，用以消滅赤白兩色帝國主義，本是用的黑字訣，然而這種方法，是從威爾遜「民族自決」四字抄襲出來，全世界都歡迎，是之謂黑而亮。聞者必起來爭辯道：「威爾遜主義，是和平之福音，是大同主義之初基，豈是面厚心黑的人幹得來嗎？實行這種主義，尚得謂之厚黑嗎？」李瘋子聞而嘆曰：然哉！然哉！是謂「厚而無形，黑而無色」。

有人難我道：「你主張聯合弱小民族，向列強攻打。我請問，一個日本，中國都對付不了，何敢去惹世界列強？日本以武力壓迫中國，歐美列強深抱不平，很同情於中國，我們正該聯合他們，去攻打日本，你反要聯合世界弱小民族，去攻打列強，這種外交，豈非瘋子外交嗎？你這類話，前幾年說可以，再過若干年後來說也可以，現在這樣說，真算是瘋子。」我說：「我歷來都是這樣說，不是今日才說，數年前我寫有一篇〈世界大戰：中國應走的途徑〉，即是這樣說的。四川省立國書館，存有原印本，可資考證。這個話，前幾年該說，現在更該說，再過若干年，也就無須說。你說是瘋子外交，這是由於你不懂厚黑學的原故。我講厚黑學，不是有鋸箭法和補鍋法嗎？我們把弱小民族聯盟組織好了，就應用補鍋法中之敲鍋法，手執鐵錘，向某某諸國說道：『信不信，我這一錘敲下去，叫你這鍋立即破裂，再想補也補不起！』口中這樣說，而手中之鐵錘則欲敲下不敲下，這其間有無限妙用。如列強不睬，就略略敲一下，使鍋上裂痕增第一點；再不睬，再敲一下。如果日本和列強，要倒行逆施，宰割弱小民族，供他們的欲壑，我們就一錘下去，把裂痕增至無限長，糾合全世界被壓迫人類，一齊暴動起來，十萬萬四千萬被壓迫者，對四萬六千萬壓迫者作戰，而孫中山先生之主張，於是乎實現。但是我們著手之初，則在組織弱小民族聯盟，把弱聯會組織好，然後鐵錘在手，操縱自如，在國際上才能平等自由。」

敲鍋要有藝術，輕不得，重不得。輕了鍋上裂痕不能增長，是無益的；敲重了，裂痕太長補不起。要想輕重適宜，非精研厚黑學不可。戲劇中有「補缸」一齣，一錘下去，把缸子打得粉碎。這種敲法，未免太不高明。我們在國際上，如果這樣幹，真所謂瘋子外交，豈足以言厚黑學！

我講厚黑學，曾說管仲勸齊桓公伐楚，是把鍋敲爛了來補。他那種敲法，是很藝術的。講到楚之罪名共有二項，一為周天子在上，他敢於稱王；二為漢陽諸姬，楚實盡之[1]，這本是昭彰大罪。乃楚遣使問出師理由，桓公使管仲對曰：「爾貢包茅不入，王祭不共，無以縮酒，寡人是征。」[2]又曰：「昭王南征而不復，寡人是問。」[3]捨去兩大罪，而責問此極不要緊之事，豈非滑天下之大稽？昭王渡漢水，船覆而死，與楚何關？況且事隔數百年，更是毫無理由。管子為天下才，這是他親自答覆的，難道莫得斟酌嗎？他是厚黑名家，用補鍋法之初，已留鋸箭法地步。假令把楚國真實罪狀宣布出來，叫他把王號削去，把漢陽諸姬的地方退出來，楚國豈不與齊拚命血戰嗎？你想長勺之役，齊國連魯國這種弱國都戰不過，他敢與楚國打硬戰嗎？只好借周天子之招牌，對楚國輕輕敲一下罷了。楚是堂堂大國，管仲不敢傷他的面子，責問昭王不復一事，故意使楚國有抗辯的餘地。楚王可以對臣下說道：他責問二事，某一事，我與他罵轉去，罵得他啞口無言，包茅是河邊上蘆葦一類東西，周天子是我的舊上司，砍幾捆送他就是了。這正是管仲的妙用，口罵無憑，貢包茅有實物表現，齊桓公於是背著包茅，進之周天子，作為楚國歸服之實證。古者國之大事惟祀與戎，周天子祭祀的時候，把包茅陳列出來，貼一紅紙簽，寫道：「這是楚國貢的包茅。」助祭的諸侯看見，周天子面上豈不光輝光輝？楚國都降伏了，眾小國敢有異議嗎？我寫《厚黑傳習錄》曾說：「召陵一役，以補鍋法始，以鋸箭法終。」其妙用如是如是。

我們把弱小「民族聯盟組織」好了，就用鐵錘在列強的鍋上輕輕敲他一下，到達相當時機，就鋸箭幹了事。到某一時期，再敲一下，箭幹出來一截，又鋸一截。像這樣不斷的敲，不斷的鋸，待到終局，箭頭退出來了，輕輕用手拈去，於是乎鋸箭法告終，而鍋也補起了。

外交上，原是鋸箭法、補鍋法二者互用，如車之雙輪，鳥之雙翼，不可偏廢。中國外交之失敗，其病根在專用鋸箭法。自五口通商以來，所有外交，無一非鋸箭幹了事。九一八以後，尤為顯著。應該添一個補鍋法，才合外交方式。我們組織弱小民族聯盟，即是應用補鍋法的學理產生出來的。

現在日本人的花樣，層出不窮，殺得中國只有招架之功，並無還兵之力，並且欲招架而不能。我們就應該還他一手，揭出弱小民族聯盟的旗幟。你會講「大亞細亞主義」[4]，想把中國吞下去，進而侵略亞洲各國，進而窺伺全世界，我們就進弱小民族聯盟，以中國為主幹，而臺灣、琉球、高麗、安南、緬甸、暹羅、印度、澳洲、非洲一切野蠻民族。日本把一個「大亞細亞主義」大吹大擂，我們也把一個弱小民族聯盟

1 指漢水以北的周王室姬姓諸侯國都被楚滅掉了。
2 你們應當進貢的包茅沒有交納，周王室的祭祀供不上，沒有用來滲濾酒渣的東西，我特來徵收貢物。
3 周昭王南巡沒有返回，我特來查問這件事。
4 圍繞著亞洲範圍內國家協同合作、建立新秩序等主張，但實際上內容會隨著國際情勢而改變。

大吹大擂，這才是旗鼓相當，才足以濟補鍋法之窮。

民國二年，我在某機關任職，後來該機關裁撤，我與同鄉陳健人借銀五十元，以作歸計。他回信說道：「我現無錢，好在為數無多，特向某某人轉借，湊足五十元，與你送來。」信末附一詩云：「五十塊錢不為多，借了一埮又一坡，我今專人送與你，格外再送一道歌。」我讀了，詩興勃發，不可遏止，立覆一信道：「捧讀佳作，大發詩興。奉和一首，敬步原韻。辭達而已，工拙不論。君如不信，有詩為證。詩曰：厚黑先生手藝多，哪怕甑子滾下坡。討口就打蓮花落，放牛我會唱山歌。」詩既成，余舉未已，又作一首：「大風起兮甑滾坡，收拾行李兮回舊窩，安得猛士兮守沙鍋。」[1]我出東門，走至石橋趕船，望見江水滔滔，詩興又來了，又作一首曰：「風蕭蕭兮江水寒，甑子一去兮不復還。」千古倒甑子的人，聞此歌，定當同聲一哭。

近來軍政各機關，常常起大風，甑子一批一批的向坡下滾去，許多朋友，向我嘆息道：「安得猛士兮守沙鍋。」我說道：「我的學問，而今長進了，沙鍋無須守，也無須請猛士，只須索你的手杖向對方的沙鍋一敲，他的沙鍋打破，你的沙鍋遂巋然獨存。你如果莫得敲破對方沙鍋的本事，自己的沙鍋斷不能保存。」

東北四省，被日本佔去，國人都有「甑子一去兮不復還」的感想，見日本在華北華南積極進行，又同聲說道：「安得猛士兮守沙鍋。」這都是我先年的見解，應當糾正。甑子與沙鍋，是一物之二名，日本人想把中國的甑子打破，把裡面的飯儲入他的沙鍋內，國人只知雙手把甑子掩護，真是幹的笨事！我們四萬萬人，每人拿一根打狗棒，向日本的沙鍋敲去，包管發生奇效。問：「打狗棒怎樣敲法？」曰：組織弱小民族聯盟。

我們對於日本，應該取攻勢，不該取守勢；對於列強，取威脅式，不取乞憐式。我們組織弱小民族聯盟，即是對日本取攻勢，對列強取威脅式。日本侵略中國，列強抱不平，對中國表同情，難道是懷好意嗎？豈真站在公理立場上嗎？日本希望的是獨占，列強希望的是共管，方式雖不同，其為厚黑則壹也。為中國前途計，應該極力聯合世界弱小民族，努力促成世界大戰，被壓迫者對壓迫者作戰，全世界弱小民族，同齊暴動，把列強的帝國主義打破，即是把列強的沙鍋打破，弱小民族的沙鍋才能保存。

1 出自《大風歌》「大風起兮雲飛揚，威加海內兮歸故鄉，安得猛士兮守四方。」大風颳起來了，雲隨著風奔湧飛揚。我統一了天下，衣錦還鄉。怎樣才能得到勇士啊！為國家鎮守四方。

威爾遜播下「民族自決」的種子，一天一天的潛滋暗長，現在快要成熟了。中國出來當一個陳涉，振臂一呼，揭出弱小民族聯盟的旗幟，與威爾遜主義遙遙相應，全世界弱小民族，當然聞風響應。嬴秦亡國條件，列強是具備了的，而以日本具備尤多。一般人震於日本和列強之聲威，反抗二字，生怕出諸口，這是由於平日不研究厚黑學，才會這樣的畏懼。如果把我的《厚黑學》單行本熟讀一萬遍，立即發生一種勇氣來，區區日本和列強，何足道哉！他們都是外強中乾，自身內部，矛盾之點太多，譬諸築墻，基礎莫有穩固。我們組織弱小民族聯盟，直向墻腳攻打，弱聯一成功，日本和列強的帝國主義，當然崩潰。

我們聯合弱小民族之初，當取甘地不抵抗主義，任他何種壓迫俱不管，只埋頭幹弱聯的工作，並且加緊工作，哪有閒心同他開戰？等到弱聯組織成功了，任何不平等條約，撕了即是，到了那時，他們敢於不接受我們的要求，就糾合全世界弱小民族，同時動作，以武力解決，由中國當主帥，指揮作戰，把蘇秦的老法子拿來行使。「秦攻一國，五國出兵助之或山兵撓秦之後。」像這樣幹去，赤白兩色帝國主義，哪有不崩潰之理！以英國言之，他自誇凡是太陽所照之地，都有英國人的國旗，我們的弱聯組織成功，可以說：凡是太陽所照之地，英國人都有挨打的資格。這樣幹，才是圖謀和平的根本辦法。機會一成熟，立把箭頭取出，無須再用鋸箭法。我們不從此種辦法著手，徒悻悻然對日作戰，從武力上同他決勝負，真是蘇東坡所說的：「匹夫見辱，拔劍而起，挺身而鬥」[1]了，律以我的厚黑哲理，是違反的。日本倡言親善，如果就同他親善，事事仰承日本鼻息，不敢反抗，不敢組織弱小民族聯盟，更是厚黑界之小醜，夠不上談厚黑哲理。

日本是中國室中之狼，俄國是門前之虎，歐美列強，是宅左宅右之獅豹。日本是中國的仇國，當然無妥協餘地，其他列強，為敵為友，尚不能預定，何也？因其尚在門前，尚在宅左宅右也。

威爾遜倡民族自決，想成一個國際聯盟，以實現他的主張。哪知一成立，就被列強利用，成為分贓的集團，與威爾遜主義背道而馳。孫中山曾講過大亞細亞主義，意在為黃種人吐氣，哪知日本就想利用這種主張，以遂他獨霸東亞之野心。所以我們成立弱小民族聯盟，首先聲明，英、美、德、法、義、俄、日等國永無入會之資格，日

1　一般人被侮辱，一定會拔起劍，挺身上前搏鬥。

本不用說了。我們把英美等國劃在會外，也不一定視為敵人，為敵為友，視其行為而定。如能贊助弱聯，我們也可視為良友，但只能在會外，不能在會中說話，使他莫得利用操縱之機會。

我們對日抗戰，當發揮自力，不能依賴某某強國，請他幫助。就使有時想列強幫助，也不能向他作乞憐語，更不能許以絲毫權利，只是埋頭幹弱小民族聯盟的工作，一眼覷著列強的沙鍋，努力攻打。要我不打破你的沙鍋，除非幫助我把日本驅出東北四省，恢復九一八以前狀況，我們也可以鋸箭幹了事。因為九一八之變，是國聯不能執行任務釀出來的，當然尋國聯算帳，當然成一個弱聯，推翻現在的國聯。所以對付列強，當如對付橫牛，牽著鼻子走，不能同他善說。問：「列強的鼻子，怎能受我們的牽？」曰：努力的聯合弱小民族，即是牽列強的鼻子，如列強扭著鼻子不受我們牽，我們就實行把沙鍋與他打爛，實現孫中山之主張，十萬萬四千萬被壓迫者，對四萬萬六千萬壓迫者實行作戰，忍一下痛苦，硬把箭頭取出，廢去鋸箭法不用，更是直截了當。我認為這種辦法，是中國唯一的出路，請全國厚黑同志研究研究。

和平是整個的，現在世界關聯密切，一處發生戰事，就波動全世界，就有第二次世界大戰的可能。列強殖民地太寬，弱小民族受了威爾遜的宣傳，早已蠢蠢欲動，大戰爭一發生，列強的沙鍋就有破裂的危險。這一層，日本和列強都是看得很清楚的。日本自九一八以後，一切事悍然不顧，墨索里尼侵占阿比西尼亞，也悍然不顧，都是看清此點，以世界大戰相威脅，料定國聯不敢動作。果然國聯顧忌此點，不敢實行制裁，只好因循敷衍，犧牲弱小民族利益，以飽橫暴者之貪囊，暫維目前狀況，於是國際聯盟，就成為列強的分贓集團。我們看清此點，知道國聯已經衰朽不適用了，就乘機推翻他，新興一個弱聯，以替代國聯這種機構，催促威爾遜之主張早日實現。這種辦法，才適合時代之要求。這種責任，應由中國出來擔負，除了中國，其他國家是擔負不起的。

我們組織弱小民族聯盟，把甘地辦法擴大之、改良之，當然發生絕大的效果。印度是亡了國的，甘地是赤手空拳，尚能有那樣的成績。中國是堂堂的獨立大國，有強大的戰鬥力，淞滬之役，已經小小的表現一下，有這樣的戰鬥力，而卻不遽然行使，只努力幹弱聯工作，所得效果，當然百倍甘地。這種辦法，我想一般厚黑同志，決定贊成的。

我是害了兩重病的，一曰瘋病，二曰八股病，而我之瘋病，是從八股病生出來的。八股家遇著長題目，頭緒紛繁，抑或合數章為一題，其作法，往往取題中一字，或一句，或一章作主，用以貫穿全題。曾國藩者，八股之雄也，其論作文之法曰：「萬山磅礴，必有主峰，龍袞九章，但挈一領。」[1]斯言也，通於治國，通於厚黑學。中國內政外交，處處棘手，財政軍政，紛如亂絲，這就像八股家遇著了合數章書的長題目，頭緒紛繁，無從著筆。如果枝枝節節而為之，勢必費力不討好，所以我們解決時局，就該應用八股，尋出問題之中心點，埋頭幹去，紛亂的時局，自必釐然就緒。我們做這篇八股，應該提出抗日二字為中心點，基於抗日之主張，生出內政外交之辦法。內政外交的方針既定了，一切措施，都與這個方針適應，是之謂：「萬山磅礴，必有主峰，龍袞九章，但挈一領。」我以後所寫文字，就本此主張寫去，但我從滿清末年，就奔走宦場，發明求官六字真言、做官六字真言，八股一道，荒廢已久，寫出的文字，難免不通，希望八股老同志糾正糾正。

科舉時代的功令，作八股必遵朱註，試場中片紙不准夾帶，應考的人，只好把朱子的《四書集註》讀來背得，所以朱子可稱為八股界之老祖宗。而他解決時局的辦法，是很合八股義法的。他生當南宋，初見宋孝宗即說道：「當今之世，要首先認定：金人是我不共戴天之敵，斷絕和議，召還使臣，這層決定了，一切事才有辦法。一般懷疑的人，都說根本未固，設備未周，進不能圖恢復，退不能謀防禦，故不得已而暫與金人講和，以便從容準備，殊不知這話大錯了。其所以根本不固，設備不周，進不能攻，退不能守者，正由有講和之說的原故。一有講和之說，則進無決死之心，退有遷延之計，其氣先餒，而人心遂渙然離沮[2]。故講和之說不罷，天下事無一可成。為今之計，必須閉門絕和，才可激發忠勇之氣，才可言恢復。」這是朱子在隆興元年對孝宗所說的話。他這篇文字，很合現在的題目，我們可以全部抄用。首先認定日本是仇國，使全國人有了公共的目標，然後才能說「對內團結，對外抵抗」的話。中國一般人，對於抗日，本下了最大決心，不過循著外交常軌，口頭不能不說說親善和調整這類話，不知親善和調整這類名詞，是西洋的八股話，對於中國全不適用，其弊害，朱子說得很明白。

國人見國勢日危，主張保存國粹，主張讀經，這算是從根本上治療了。八股是國粹的結晶體，我的厚黑學，是從八股出來的，算是根本之根本。我希望各校國文先

1 登上最高峰，一覽眾山小；龍袍雖複雜，抓住衣領即可提起。強調在寫作或其他情境中，抓住重點，明確主次，專注於主要矛盾。

2 分崩離析。

生，把朱子對孝宗說的這段文字選與學生讀，培養點中國八股智識，以便打倒西洋八股。

中國的八股，有甚深的歷史，一般文人，涵濡其中，如魚在水，所以今人文字，以鼻嗅之，大都作八股氣，酸溜酸溜的。章太炎文字，韓慕廬[1]一類八股也；嚴又陵[2]文字，管韞山[3]一類八股也；康有為文字，十八科闈墨[4]一類八股也；梁啟超文字，江漢炳靈[5]一類八股也；鄙人文字，小試場中，截搭題一類八股也；當代文豪，某某諸公，則是《聊齋》上的賈奉雉，得了仙人指點，高中經魁之八股也。諸君莫笑八股酸，八股越酸越革命。黃興、蔡松坡[6]，秀才也；吳稚暉、于右任[7]，舉人也；譚延闓[8]、蔡元培[9]，進士翰林也。我所知的同鄉同學、幾個革命專家，廖緒初舉人也；雷鐵崖、張列五、謝彗生，秀才也；曹叔實，則是一個屢試不售[10]的童生。猗歟[11]！盛哉！八股之功用大矣哉！滿清末年，一夥八股先生，起而排滿革命，我甚願今之愛國志士，把西洋八股一火焚之，返而研究中國的八股，才好與我們的仇國日本奮鬥到底。

唐宋八家中，我最喜歡三蘇，因為蘇氏父子，俱懂得厚黑學。老泉之學[12]，出於申韓。申子之書不傳，老泉《嘉祐集》，一切議論，極類韓非，文筆之峭厲深刻，亦

1 清初著名學者，也是學界公認的時文的典範作家。

2 嚴復，字又陵，中國近代啟蒙思想家、翻譯家，他提出的「信、達、雅」的翻譯標準對後世的翻譯工作產生深遠影響。

3 管世銘，號韞山，乾隆進士，官戶部主事，累遷郎中，入職軍機處。

4 科舉時代會將鄉試前幾名的佳作，刊刻流布，將這些範本頒發各省學宮，供士子仿效，這些範本就稱為「闈墨」。《官場現形記》有一段關於闈墨的故事：「一日，副欽差坐在行轅內，忽然巡捕官上來回，說是府學老師稟見。副欽差一看名字，幸虧記得這老師不是別人，乃是老太爺當年北闈中舉一個鄉試同年。老太爺中的第九名，這老師中的第八名。副欽差是幼秉庭訓，由老太爺自己手裡教大的。老太爺發解之後，就把這科的文章，從第一名起，一直頂到第十八名，所有的闈墨，統通教兒子念熟，還說：『應試正宗，莫妙於此！』……。等到副欽差服滿應試，年紀不過二十歲。頭場首藝，全虧套了這位老年伯的墨卷調頭，居然也中鄉魁。次年連捷中進士。」《官場現形記》的副欽差就是套用府學老師的闈墨而中進士的。

5 近則有長江和漢水潤澤土地、煥發靈氣。

6 黃興，中國近代民主革命家。蔡鍔，清末民初政治家。

7 中華民國開國元勛之一。

8 中華民國政治人物。

9 中國近代革命家。

10 售：考試得中。

11 嘆詞，表示讚美。

12 蘇洵，字明允，號老泉，北宋文學家。他是蘇軾和蘇轍的父親。父子三人被稱為「三蘇」，均列入「唐宋八大家」。

複相似。老泉喜言兵，他對於孫子也很有研究。東坡之學，是戰國縱橫者流，熟於人情，明於利害，故辯才無礙，嬉笑怒罵，皆成文章。其為文詼詭恣肆，亦與戰國策文字相似。子由深於老子，著有《老子解》。明李卓吾有言曰：「解老子者眾矣，而子由獨高。」子由文汪洋淡泊，在八家中，最為平易。漸於黃老者深，其文固應爾爾。《孫子》、《韓非子》和《戰國策》，可說是古代厚黑學教科書。《老子》一書，包涵厚黑哲理，尤為宏富。諸君如想研究孔子的學說，則孔子所研習的《詩經》、《書經》、《易經》不可不熟讀；萬一想研究厚黑學，只讀我的作品，不過等於讀孔子的《論語》，必須上讀《老子》、《孫子》、《韓非子》和《戰國策》諸書，如儒家之讀「詩」、「書」、「易」諸書，把這些書讀熟了，參之以二十五史和現今東西洋事變，融會貫通，那就有得厚黑博士之希望了。

有人問我：「厚黑學三字，宜以何字作對？」我說：「對以道德經三字。」李老子的道德經和李瘋子的厚黑學，不但字面可以相對，實質上，二者原是相通，於何證之呢？有朱子之言可證。《朱子全書》中有云：「老氏之學最忍，他閒時似個虛無卑弱底人，莫教緊要處發出來，更教你枝梧不住[1]，如張子房是也。子房皆老氏是學，如嶢關之戰，與秦將連和了，忽乘其懈擊之[2]。鴻溝之約，與項羽講和了，忽回軍殺之。[3]這個便是他卑弱之發處，可畏可畏。他計策不須多，只消兩三處如此，高祖之業成矣。」[4]依朱子這樣說：老子一部道德經，豈不明明是一部厚黑學嗎？我在《厚

---

1 枝梧不住，指抵擋不住。

2 劉邦想強行攻打秦國的咽喉要地嶢關，張良勸諫說：「主公呀，現在秦軍雖然到了末路，但是仍然很強大，不可以輕敵。臣聽說秦國將領貪財重利，很容易用金銀珠寶收買。還請主公守著大本營不要動，並且在營地的各個山頭上增設我軍旗幟，虛張聲勢，作為疑兵，再令酈食其拿著眾多的金銀珠寶去收買利誘秦將。」秦將果然上當被收買了，要和劉邦休戰，並說要和劉邦一起攻打咸陽，劉邦聽後非常高興，欲答應秦將。此時，張良又勸諫說：「這只是秦軍將領的想法，我們畢竟是收買的秦軍將領，並沒有收買士兵，所以秦國士兵不一定會聽從秦將一起攻打咸陽的命令。不如我們現在趁秦軍防範鬆懈，帶領軍隊進攻嶢關。」劉邦又聽從張良的建議帶兵攻打嶢關，秦軍守將本以為和劉邦已經議和了，大家都會相安無事，萬沒想到劉邦會在此時進攻，毫無防禦的秦軍倉亂間只好棄關逃跑，被劉邦大敗。

3 楚漢相爭時期，劉邦派遣謀士向西楚霸王項羽求和，項羽同意。雙方約定中分天下，割鴻溝以西者為漢，鴻溝而東者為楚。項羽釋放劉邦父親、妻子，史稱「鴻溝之約」。立約後項羽引兵東歸，劉邦從張良、陳平計，引兵追擊項羽，最終將楚軍圍於垓下，大破之，取得了對楚戰爭的決定性勝利。

4 老子之學表面上看來柔弱不爭，其實則厲害得很。漢文帝、曹參用之，天下大治，僅得老子之皮毛；而深諳老學的張良才用幾次，便成就了劉邦的帝業。

黑叢話》卷二之末，曾說：「蘇東坡的《留侯論》，全篇是以一個厚字立柱。」朱子則直將子房之黑字揭出，並探本窮源，說是出於老子，其論尤為精到。朱子認為嶢關、鴻溝，這些狠心事，是卑弱之發處，足知厚黑二者，原是一貫之事。

厚與黑，是一物體之二面，厚者可以變而為黑，黑者亦可變而為厚。朱子曰：「老氏之學最忍。」他以一個忍字，總括厚黑二者。忍於己之謂厚，忍於人之謂黑。忍於己，故閉時虛無卑弱；忍於人，故發出來教你支持不住。張子房替老人取履，跪而納之，此忍於己也；嶢關、鴻溝，敗盟棄約，置人於死，此忍於人也。觀此則知厚黑同源，二者可以互相為變。我特告訴讀者諸君，假如有人在你面前脅肩諂笑，事事要好，你須謹防他變而為黑。你一朝失勢，首先墜井下石，即是這類人。又假如有人在你面前肆意凌侮，諸多不情，你也不須怨恨，你若一朝得志，他自然會變而為厚，在你面前，事事要好。歷史上這類事很多，諸君自去考證。

我發明厚黑學，進一步研究，得出一條定理：心理變化，循力學公例而行。有了這條定理，厚黑學就有哲理上之根據了。水之變化，純是依力學公例而變化。有時徐徐而流，有物當前，總是避之而行，總是向低處流去，可說是世間卑弱之物，無過於水。有時怒而奔流，排山倒海，任何物不能阻之，阻之則立被摧滅，又可說世間兇悍之物，無過於水。老子的學說，即是基於此種學理生出來的。其言曰：「天下莫柔弱於水，而攻堅強者，莫之能勝。」諸君能把這個道理會通，即知李老子的道德經和鄙人的厚黑學，是莫得什麼區別的。

忍於己之謂厚，忍於人之謂黑，在人如此，在水亦然。徐徐而流，避物而行，此忍於己之說也；怒而奔流，人物阻擋之，立被摧滅，此忍於人之說也。避物而行和摧滅人物，現象雖殊，理實一貫，人事與物理相通，心理與力學相通，明乎此，而後可以讀李老子的《道德經》，而後可以讀李瘋子的《厚黑學》。

老子學說，純是取法於水。《道德經》中，言水者不一而足。如曰：「上善若水，水善利萬物而不爭，處眾人之所惡，故幾於道。」[1]又曰：「江海所以能為百谷

1 最上乘的善就好比是水。水善於滋潤萬物卻不與之相爭，自願處於眾人都厭惡的卑下之地，所以最接近於「道」的境界。上善者居住善於適應環境，胸懷深沉善於包容，與人交往友愛熱情，說話嚴守信用，為政治國有條有理，處事能夠發揮所長，行動積極把握時機。正因為有不爭的美德，因而沒有過失，亦不會招來怨尤。

王者，以其善下之，故能為百谷王。」[1]水之變化，循力學公例而行，老子深有契於水，故其學說，以力學公例繩之，無不一一吻合。惟其然也，宇宙事事物物，遂逃不出老子學說的範圍。

老子曰：「吾言甚易知，甚易行。天下莫能知，莫能行。」[2]這幾句話，簡直是他老人家替厚黑學做的贊語。面厚心黑，哪個不知道？哪個不能做？是謂「甚易知，甚易行」。然而厚黑學三字，載籍中絕未一見，必待李瘋子出來才發明，豈非「天下莫能知」的明證嗎？中國受日本和列強的欺凌，管厚黑、蘇厚黑的法子俱在，不敢拿來行使，厚黑聖人勾踐和劉邦對付敵人的先例俱在，也不一加研究，豈非「天下莫能行」的明證嗎？

我發明的厚黑學，是一種獨立的科學，與諸子百家的學說絕不相類，但是會通來看，又可說諸子百家的學說無一不與厚黑學相通，我所講一切道理，無一不經別人說過，我也莫有新發明。我在厚黑界的位置，只好等於你們儒家的孔子。孔子祖述堯舜，憲章文武，述而不作，信而好古[3]，他也莫得什麼新發明。然而嚴格言之，儒家學說與諸子百家，又絕不相類。我之厚黑學，亦如是而已。孔子曰：「知我者，其惟春秋乎！罪我者，其惟春秋乎！」[4]鄙人亦曰：「知我者，其惟厚黑學乎！罪我者，其惟厚黑學乎！」

老子也是一個「述而不作，信而好古」的人，他書中如「建言有之」、如「用兵有言」、如「古所謂」一類話，都是明明白白的引用古書。依朱子的說法，《老子》一書，確是一部厚黑學；而老子的說法，又是古人遺傳下來的。可見我發明的厚黑學，真是貫通古今，可以質諸鬼神而無疑，百世以俟聖人而不惑。

據學者的考證，周秦諸子的學說，無一人不淵源於老子，因此周秦諸子，無一不帶點厚黑氣味。中國諸子百家的學說，當以老子為總代表。老子之前，如伊尹[5]、如太公、如管子諸人，《漢書．藝文誌》都把他列入道家，所以前乎老子和後乎老子

---

1 江海所以能夠成為百川河流所匯往的地方，乃是由於它善於處在低下的地方，所以能夠成為百川之王。

2 我的話很容易理解，很容易施行。但是天下竟沒有誰能理解，沒有誰能實行。

3 我遵循古人舊有而不自己創造，深信並喜好古聖先王的道德文章。

4 孔子編寫完《春秋》說：「知我者，其惟《春秋》乎！罪我者，其惟《春秋》乎！」大意是說，我做的這些事，寫的這本書，後人一定會褒貶不一的，但我只要認為這是對的，是有價值的，不論別人如何評說，我都會堅定地做下去！李宗吾沿用這個概念，表示《厚黑學》也是後世評鑑自己的著作。

5 建立商朝的重要名臣、政治家。

者，都脫不了老子的範圍。周秦諸子中，最末一人，是韓非子。與非同時，雖有《呂覽》一書，但此書是呂不韋的食客纂集的，是一部類書，尋不出主名，故當以韓非為最末一人。非之書有〈解老〉、〈喻老〉兩篇，把老子的話一句一句解釋，呼老子為聖人。他的學問，是直接承述老子的，所以說：「刑名原於道德。」由此知周秦諸子，徹始徹終，都是在研究厚黑這種學理，不過莫有發明厚黑這個名詞罷了。

韓非之書，對於各家學說俱有批評。足知他於各家學說，都一一研究過，然後才獨創一派學說。商鞅言法，申子言術，韓非則合法、術而一之，是周秦時代法家一派之集大成者。據我看來，他實是周秦時代厚黑學之集大成者。不過其時莫得厚黑這個名詞。一般批評者，只好說他慘刻少恩[1]罷了。

老子在周秦諸子中，如崑崙山一般，一切山脈，俱從此處發出。韓非則如東海，為眾河流之總匯處。老子言厚黑之體，韓非言厚黑之用，其他諸子，則為一支山脈或一支河流，於厚黑哲理，都有發明。

道法兩家的學說，根本上原是相通。斂之則為老子之清靜無為，發之則為韓非之慘刻少恩。其中關鍵，許多人都看不出來。朱子是好學深思的人，獨看破此點。他指出張子房之可畏，是他卑弱之發處，算是一針見血之語。卑弱者，斂之之時也，所謂厚也；可畏者，發之之時，所謂黑也。即厚即黑，原不能歧而為二。

道法兩家，原是一貫，故史遷修《史記》，以老莊申韓合為一傳。後世一孔之儒，只知有一個孔子。於諸子學術源流，茫乎不解。至有謂李耳與韓非同傳，不倫不類，力詆史遷之失，真是夢中囈語。史遷父子，是道家一派學者，所著《六家要指》，字字是內行話。史遷論大道則先黃老，老子是他最崇拜的人。他把老子與韓非同列一傳，豈是莫得道理嗎？還待後人為老子抱不平嗎？世人連老子和韓非的關係都不了解，豈足上窺厚黑學？宜乎李厚黑又名李瘋子也。

厚黑這個名詞，古代莫得。而這種學理，則中外古今，人人都見得到。有看見全體的，有看見一部分的，有看得清清楚楚的，有看得依稀恍惚的。所見形態千差萬別，所定的名詞亦遂千差萬別。老子見之，名之曰道德；孔子見之，名之曰仁義；孟子見之，名之曰廟算[2]；韓非見之，名之曰法術；達爾文見之，名之曰競爭；俾斯麥

1 嚴酷苛刻，絕少施恩。

2 《孫子》提出的從道、天、地、將、法等基本條件出發，對敵我雙方進行比較分析，制定克敵制勝的方案。

見之，名之曰鐵血；馬克思見之，名之曰唯物；其信徒威廉氏見之，名之曰生存。其他哲學家，各有所見，各創一名，真所謂「橫看成嶺側成峰，遠近高低無一同，不識廬山真面目，只緣身在此山中」。

有人詰問我道：「你主張組織弱小民族聯盟，向列強攻打。這本是一種正義，你何得呼之為厚黑？」我說：「這無須爭辯，即如天上有兩個亮殼。從東邊溜到西邊，從西邊溜到東邊，溜來溜去，晝夜不停。這兩個東西，我們中國人呼之為日月，英國人則呼之為sun或moon。名詞雖不同，其所指之物則一。我們看見英文中之sun、moon二字，即譯為日月二字。讀者見了我的厚黑二字，把他譯成正義二字可也。即譯之為道德二字或仁義二字，也無不可。」

周秦諸子，無一人不是研究厚黑學理。惟老子窺見至深，故其言最為玄妙。非有朱子這類好學深思的人，看不出老子的學問。非有張子房這類身有仙骨的人，又得仙人指點，不能把老子的學問用得圓轉自如。

周秦諸子，表面上，眾喙爭鳴。裡子上，同是研究厚黑哲理，其學說能否適用，以所含厚黑成分多少為斷。《老子》和《韓非子》二書，完全是談厚黑學，所以漢文行黃老之術，致治為三代下第一。武侯以申韓之術[1]治蜀，相業為古今所艷稱。孫吳蘇張，於厚黑哲理，俱精研有得，故孫吳之兵，戰勝攻取，蘇秦、張儀，出而遊說，天下風靡。由是知：凡一種學說，含有厚黑哲理者，施行出來，社會上立即發生重大影響。儒家高談仁義。仁近於厚，義近於黑，所得者不過近似而已。故用儒術治國，不癢不痛，社會上養成一種大腫病。儒家強為之解曰：「王道無近功。」[2]請問漢文帝在位不過二十三年，武侯治蜀亦僅二十年，於短時間收大效。何以會有近功？難道漢文帝是用的霸術嗎？諸葛武侯豈非後儒稱為王佐之才嗎？究竟是什麼道理？請儒家有以語我來[3]。厚黑是天性中固有之物，周秦諸子無一不窺見此點，我也不能說儒家莫有窺見，惜乎窺見太少。此其所以「博而寡要，勞而少功」[4]也，此其所以「迂遠而闊於事情」[5]也。

1　申不害與韓非，皆為法家代表人物。
2　「王道」即正道，也就是儒家所說的不偏不易、無比正確的「中庸之道」，修大道沒有捷徑，大才者晚露鋒芒！
3　不妨說來聽聽。
4　儒家廣博無法抓住要點，花費很多力氣卻很少功效。
5　出自《孟子》，意指儒家盡是迂腐的空談，而沒有具體的價值。

老、莊、申、韓，是厚黑學的嫡派，孔孟是反對派。吾國二千餘年以來，除漢之文景，蜀之諸葛武侯，明之張江陵[1]而外，皆是反對派執政，無怪乎治日少而亂日多也。

我深恨厚黑之學不明，把好好一個中國鬧得這樣糟。所以奮然而起，大聲疾呼，以期喚醒世人。每日報紙上寫《厚黑叢話》一二段，等於開辦一個厚黑學的函授學校。經我這樣的努力，果然生了點效。許多人向我說道：「我把你所說的道理，證以親身經歷的事項，果然不錯。」又有個朋友說道：「我把你發明的原則，去讀《資治通鑑》。讀了幾本，覺得處處俱合。」我聽見這類話，知道一般人已經有了厚黑常識，程度漸漸增高。我講的學理，不能不加深點，所以才談及周秦諸子。見得我發明的厚黑學，不但證以一部二十五史，處處俱合；就證以周秦諸子的學說，也無一不合。讀者諸君，尚有志斯學，請細細研究。

教授學生要用啟發式、自修式，最壞的是注入式。《厚黑學》只舉曹操、劉備、孫權、劉邦、司馬懿幾人為例，其餘的，叫讀者自去搜尋。我寫的《厚黑學》和《厚黑傳習錄》，也只簡簡單單的舉出綱要，不一一詳說，恐流於注入式，致減讀者自修能力。此次我說：周秦諸子的學說，俱含厚黑哲理，也只能說個大概，讓讀者自去研究。

《詩經》、《書經》、《易經》、《周禮》、《儀禮》等書，是儒門的經典，凡想研究儒學的，這些書不能不熟讀。周秦諸子的書，是厚黑學的經典，如不能遍讀，可先讀《老子》和《韓非子》二書，知道了厚黑的體用，再讀諸子之書，自然頭頭是道。凡是研究儒家學說的人，開口即是「詩曰、書曰」。鄙人講厚黑哲理，不時也要說幾句「老子曰、韓非曰」。

四書五經雖是外道的書，苟能用正法眼讀之，也可尋出許多厚黑哲理。即如孟子書上的〈孩提愛親〉章、〈孺子將入井〉章，豈非儒家學說的基礎嗎？鄙人就此兩章書，繪出甲乙兩圖，反成了厚黑學的哲學基礎，這是鄙人治厚黑學的祕訣。諸君有志斯學，不妨這樣的研究。

---

1 張居正，生於江陵縣，明朝中後期政治家、改革家，輔佐萬曆皇帝。

世紀經典 10

厚黑學（詳註版）

作　　者　李宗吾
封面設計　高郁雯　內文排版　游淑萍
總 編 輯　林獻瑞　責任編輯　周佳薇　行銷企畫　呂玠忞

出 版 者　好人出版／遠足文化事業股份有限公司
新北市新店區民權路108之2號9樓
電話02-2218-1417　傳真02-8667-1065
發　　行　遠足文化事業股份有限公司（讀書共和國出版集團）
新北市新店區民權路108之2號9樓
電話02-2218-1417　傳真02-8667-1065
電子信箱service@bookrep.com.tw　網址http://www.bookrep.com.tw
郵撥帳號 19504465 遠足文化事業股份有限公司
讀書共和國客服信箱：service@bookrep.com.tw
讀書共和國網路書店：www.bookrep.com.tw
團體訂購請洽業務部(02) 2218-1417 分機1124
法律顧問　華洋法律事務所　蘇文生律師
印　　製　博創印藝文化事業有限公司　電話02-8221-5966

初　　版　2024年2月21日
定　　價　400元
ISBN　978-626-7279-62-5
ISBN　9786267279601（PDF）
ISBN　9786267279618（EPUB）

國家圖書館出版品預行編目資料

厚黑學／李宗吾作. -- 初版. -- 新北市：遠足文化事業股份有限公司好人出版：遠足文化事業股份有限公司發行, 2024.02
面；　公分. --（世紀經典；10）

ISBN　978-626-7279-62-5（平裝）

1.CST: 應用心理學 2.CST: 成功法

177　　113001579